这样说话 最让人舒服

潘鸿生——编著

云南出版集团
云南美术出版社

图书在版编目（CIP）数据

这样说话最让人舒服 / 潘鸿生编著 . —昆明 ： 云南美术出版社，2020.11

ISBN 978-7-5489-4089-0

Ⅰ . ①这… Ⅱ . ①潘… Ⅲ . ①口才学—通俗读物 Ⅳ . ① H019-49

中国版本图书馆 CIP 数据核字 (2020) 第 204632 号

出 版 人： 李维 刘大伟

责任编辑： 汤彦 孙雨亮

责任校对： 钱怡 李 星

这样说话最让人舒服

潘鸿生 **编著**

出版发行： 云南出版集团
云南美术出版社

社 址： 昆明市环城西路 609 号（电话：0871-64193399）

印 刷： 永清县晔盛亚胶印有限公司

开 本： 880mm × 1230mm 1/32

印 张： 7

版 次： 2020 年 11 月第 1 版

印 次： 2021 年 3 月第 1 次印刷

书 号： ISBN 978-7-5489-4089-0

定 价： 38.00 元

前　言

这是一个竞争激烈的时代，这是一个展现个人语言魅力的时代！在人生的赛场上，一流的说话能力将是您制胜的法宝。在古代，人们就认为“一人之辩重于九鼎之宝，三寸之舌强于百万之师”。到了近代，英国首相丘吉尔曾说：“一个人可以面对多少人，就代表这个人的人生成就有多大！”无论是政界领袖，还是商界领袖，古今中外绝大多数深具影响力的成功人士都是善于说话的高手。

说话是一件容易的事情,但是想把话说好,就没那么简单了。把话“说好”既是一门学问，也是一门艺术。

说话作为一种生存技能，是每个健全的现代人必须具有的能力之一。一副好口才可以让你在职场中游刃有余，在商场上顺风顺水，同时也是你创造美好生活的重要条件，更是你走向成功的一个重要砝码。

生活中，会说话可以使家人和睦、邻里相依、生活幸福；事业中，会说话可以让我们打开多路渠道、集结客户、增长业绩；恋爱中，会说话可以使恋情更加甜蜜，从而促成美满的婚姻；交往中，会说话可以广交朋友，让友谊之树长青……

一个人的说话水平往往可以决定他的生活层次。会说话的人总是善于用语言来表达观点，温暖人心。说话水平高的人，口若悬河，谈吐隽永，妙语连珠，言辞得体，谈天说地，可以“天机云锦为我用”；赞美他人能够“良言一句三冬暖”；给人安慰能够“一叶一枝总关情”……这样的人，往往容易被人尊重，受人欢迎，能赢得他人的友谊、信任、支持和帮助，在事业上也容易获得成功。而说话水平低的人，总是语无伦次、词不达意，就好像“茶壶里煮饺子——肚子里有货，嘴上却倒不出来”，有时还会“恶语半句六月寒”，一句话能结下一个仇敌……这样的人，就会时时处处感到困窘，容易被人冷落、遗忘，因此也就必然会给自己的生活和事业带来不利的影响。

本书以提高人们的说话能力为出发点，采用理论和事例相结合的形式，深入浅出地向你展示社会生活中最直接、最便利、最有效的说话技巧，教你如何运用最巧妙的语言，把话说得恰到好处，让人感觉你的话语娓娓动听，深入其心。让你更好地把握主动，在人生的道路上走得更加扎实、更加稳健！

目　录

第一章 真诚适度，恰到好处——赞美的艺术

第二章 机智应变，举重若轻——幽默的艺术

第三章 态度诚恳，表达得体——批评的艺术

第四章 用语精练，立场分明——辩论的艺术

第五章 能言善辩，掌握主动——谈判的艺术

第六章 妙语连珠，扣人心弦——演讲的艺术

第七章 以理服人，攻心为上——说服的艺术

第一章 真诚适度，恰到好处
——赞美的艺术

从社会心理学角度来说，赞美是一种有效的交往技巧，能有效地缩短人与人之间的心理距离。但在现实生活中，有相当多的人不习惯赞美别人，由于不善于赞美别人或得不到他人的赞美，从而使我们的生活缺乏许多美的愉快情绪体验。其实，赞美并不难，只要掌握了赞美的讲话公式，你就学会了赞美这门语言艺术。

1. 赞美能获得良好的人际关系

爱美之心人皆有之，每个人都具有不同的个性，也都具有不同的优缺点，每个人都在乎外界对自己的肯定和赞扬。抓住每个人的个性，赞美他们的优点，是协调人际关系的有效手段之一。真诚的赞美，会使你获得良好的人际关系，会让你感到其乐融融。

有一位工程师史先生，他想要降低房租，可他知道他的房东是相当顽固的，他说："我写信给房东，告称在租约期满后，准备迁出，实际上我并不想迁居，只希望能减低租金，但依情势来看，不会有太大希望，因为许多的房客都失败过，那房东是难以应付的，不过我正在学习如何待人的技术，因此我决定试验一下，房东收到我的信后，不出几天就来看我，我在门口很客气地迎接他，我充满了和善和热诚，我没有开口就提及房租太高，我开始谈论我是如何地喜欢他这房子，我做的是'诚于嘉许宽于称道'。我恭维他管理房舍的方法，并告诉他很愿意继续住下去，但是限于经济能力不能负担。"

"显然，他从未接受过房客如此的肯定和款待，他几乎不知如何是好，于是他开始向我吐露，他也有他的困难，有一位抱怨的房客，曾写过十多封信给他，简直是在侮辱他，更有人曾指责，假如房东不能增加设备，他就要取消租约。”

“临走时他告诉我：‘你是一个爽快的人，我乐于有你这样一位房客。’没有经过我的请求，他便自动减低了一点租金，我希望再减一点，于是我提出了我的数目，于是他便毫无难色地答应了。当他离开时，还问我：‘有什么需要替你装修的吗？’”

“假如我用了别的房客的方法去减低租金，一定会遭遇他们同样的失败，可是我用了友善、同情、欣赏、赞美的方法，使我获得了胜利。”

当然，赞美别人要真心，要恰如其分，不要言过其实，说得天花乱坠，过了头的就不是赞美，而是“拍马屁”了。因人、因时、因地、因场合适当地赞美人，是对别人的鼓励和鞭策。年轻人爱听风华正茂、有风度的赞语；中年人爱听幽默风趣、成熟稳健的赞语；老年人爱听经验丰富、老当益壮、德高望重的赞语；女同志爱听年轻漂亮、衣服合体、身材好的赞语；孩子爱听活泼可爱、聪明伶俐的赞语；病人爱听病情见好、精神不错的赞语。

取人之长补己之短，抬着头看别人，你就会越走越高。反之，总觉得别人不如自己，高高在上，低着头看别人，你就会越走越低。善于发现别人的长处，还必须善于赞美，赞美别人的同时，你的心灵得到净化，你就会发现世界无限美好，人间无限温暖。

赞美有时也无须刻意修饰，只要源于生活，发自内心，真情流露，就会收到赞美之效。但要更好地发挥赞美的效果，也需要注意以下几个要点：

（1）实事求是，措辞恰当

当你准备赞美别人时，首先要掂量一下，这种赞美，对方听了是否相信，第三者听了是否不以为然，一旦出现异议，你有无足够的理由证明自己的赞美是有根据的。

一位老师赞美学生们："你们都是好孩子，活泼、可爱、学习认真，做你们的老师，我很高兴。"这话很有分寸，使学生们既努力学习，又不会骄傲。但如果这位老师说："你们都很聪明，将来会大有出息，比其他班的同学强多了。"效果就大不一样了。

（2）赞美要具体、深入、细致

抽象的东西往往不具体，难以给人留下深刻印象。如果称赞一个初次见面的人"你给我们的感觉真好"，那么这句话一点作用都没有，说完便过去了，不能给人留下任何印象。但是，倘若你称赞一个好推销员："小王这个人为人办事的原则和态度非常难得，无论给他多少货，只要他肯接，就绝对不用你费心。"那么，由于你挖掘了对方不太明显的优点，给予赞扬，增加了对方的价值感，因此赞美起的作用会很大。

（3）热情洋溢

漫不经心地对对方说上一千句赞扬的话，也等于白说。缺乏热情的空洞的称赞，并不能使对方高兴，有时还可能由于你的敷衍而引起对方的反感和不满。

（4）赞美多用于鼓励

鼓励能让人树立起自信心。自信是成功的一半，用赞美来鼓励对方，能达到事半功倍的效果，尤其在“第一次”。无论任何人做任何事情，都有第一次的时候，如果对方第一次做得不好，你应该真诚地赞美一番：“第一次有这样的表现已经很不容易了！”别人会因为你的赞美而树立信心，下次自然会做得更好。

对别人的赞美要客观、有尺度、出于真心，而不是阿谀奉承、刻意恭维讨好，这样做会适得其反，会引起别人反感。赞美之辞既是对别人成绩的肯定，使听者感受到自己存在的价值，激发他人努力去做出更大的成就，与此同时，自己也能获得无限的快乐。而扼杀人与人之间最为宝贵的真诚乃是妒忌，见不得别人比自己有地位、有成就，见不得别人比自己有钱，这样的心态，是无法说出真诚的赞美之词的。说出真诚、由衷的赞美是需要雅量的。

2. 每个人都喜欢受到别人的赞美

一位伟大的心理学家席莱说："我们极希望得到别人的赞扬，同样的，我们也极为害怕别人的指责。"仔细观察你就会发现，周围的人或多或少都在说着赞美别人的话，只不过这种方式有多种多样。就人际关系日益复杂的今天来说，多说赞美话不仅不是坏事，相反倒是好事。

在现代交际中，几句适度的赞美对成功做人来说必不可少，一个人总想客观地了解自己，又想得到他人的认同，如果为他人所赞美，他往往会有种成就感，也往往对赞美他的人产生好感。在许多场合，适时得当的赞美常常会发挥它的神奇功效。

有一位著名的企业家给员工陈述了这样一件事情：在他还是一名见习服务员的时候，常常对生活不满意。特别是上班的第一天，他在杂货店里忙活了整整一天，累得筋疲力尽。他的帽子歪向了一边，工作服上沾满了点点污渍，双脚越来越疼。他感到疲倦和泄气，似乎觉得自己什么也干不好。好不容易为一位顾客列完了一张烦琐的账单，但是这位顾客的孩子们却三番五次地更换冰激凌的订单，此时的他已经忍耐到了极点。这时候，这一家人的父亲一边给他小费，一边笑着对他说：“干得不错，你对我们照顾得真是太周到了！”突然之间，他就感觉到疲倦消失得无影无踪了。后来，当经理问到他对头一天的工作感觉如何时，他回答说：“挺好！那几句话似乎把一切都改变了。”

忙碌的现代人在繁忙中逐渐丢掉了许多东西，包括短短的几句赞美之语。其实，赞扬就像是照在人们心灵上的阳光，没有阳光，我们就无法发育和成长。赞美不仅是一种悦耳的声音，更是一种力量，一种可以提升我们生活质量的强大力量。

古时候有一个说客，当众夸下口海说：“小人虽不才，但极能奉承。平生有一愿望，就是要将1000顶高帽子戴给我最先遇到的1000个人，现在已送出了999顶，只剩下最后一顶了。”有个长者听后摇头说道：“我偏不信，你那最后一顶用什么方法也戴不到我的头上。”说客一听，忙拱手道：“先生说的极是，不才从南到北，闯了大半辈子，但像先生这样秉性刚直、不喜奉承的人，委实没有！”长者顿时手拈胡须，洋洋自得地说：“你真算得上是了解我的人啊！”听了这话，那位说客立即哈哈大笑：“恭喜恭喜，我这最后一顶帽子刚刚送给先生你了。”

虽然这只是一则笑话，但它却有深刻的寓意。其中除了那位说客的机智外，更包含了人们无法拒绝赞美之辞的道理。

在这个社会上，说赞美话是与人交际所必备的技巧，赞美话说得得体，会使你更迷人！

当然，赞美别人也要有技巧，因为千人千面，没有谁会喜欢千篇一律的赞扬话。赞美别人首要的条件，是要有一份诚挚的心意及认真的态度。言词会反映一个人的心理，因而有口无心，或是轻率的说话态度，很容易为对方识破而使对方产生不快的感觉。再者，要赞美别人时，也不可讲出与事实相差十万八千里的话。例如，你看到一位流着鼻涕而表情呆滞的小孩时，你对他的母亲说："你的小孩看起来好像很聪明！"对方的感受会如何呢！本来是赞美的话，却变成很大的讽刺，得到了相反的效果。若你说："哦！你的小孩好像很健康。"是不是好多了！

所以，赞美别人时要坦诚，这样，你所说的赞美话，会超过一般赞美话的效果，成为真正夸赞别人的话，听在对方耳中，感受自然和一般赞美话不同。

卡耐基认为，在与别人相处时，应该学会尊重别人，尽量减少对别人的伤害。一个和谐的人与人关系的基础是彼此之间互不伤害。

心理学家认为：每个人都喜欢受到别人的赞美，是因为每个人都渴望得到别人和社会的肯定和认可，所以一句简单的赞美之辞，可使人振奋和鼓舞，使人得到自信和不断进取的力量。

某校有一位同学，在一次命题作文中，抄袭了一期杂志上的一篇散文。极为巧合的是，语文老师恰恰手里有这一期杂志。多年的从教生涯，使他深深地懂得，保护学生的自尊要鼓励和赞扬，这比用挖苦和指责所收到的效果要好得多，因为它给同学的，是正面的引导和促进。所以，他没有批评学生，而是把这位同学私下叫到房间里，称赞这篇散文写得很好，并帮助他分析了文章结构和起承转合，嘱咐他向更高的写作目标奋斗。结果，这一次保护面子的赞许行动，在这位同学心中留下了极为深刻的印象。他真的爱上了写作，靠着自己的执着和勤奋，终于成了知名的业余作家。赞赏的力量有时的确是十分惊人的，它简直到了点石成金的程度。

美国马斯洛层次理论认为：自尊和自我实现是一个人较高层次的需求，它一般表现为荣誉感和成就感。而荣誉和成就的取得，还需得到社会的认可。赞扬的作用，就是把他人需要的荣誉感和成就感，拱手相送到对方手里。当对方的行为得到你真心实意地赞许时，他看到的是别人对自己努力的认同和肯定，从而使自己渴望别人赞许的愿望在荣誉感和成就感接踵而来时得到满足，并在心理上得到强化和鼓舞。他能养精蓄锐，更有力地发挥自身的主观能动性，向着自己的目标冲击。

在我们的生活中，一个善于发现别人长处，善于赞扬别人优点的人，绝不是单方面的给予和付出，同时他也会得到很大的收获。不知你是否也有这方面的体验，赞扬别人，往往也会激励自己。别人的精神会感染我们，别人的榜样会带动我们，人家可以，而我们又为什么不可以呢？

3. 会说赞美话是一种本事

在这个社会上，会说赞美话的人，肯定比较吃香，与人沟通顺利也就顺理成章了。当一个人听到别人的赞美时，心中总是非常高兴，脸上堆满笑容，口里连说："哪里，我没那么好，你真是很会讲话！"即使事后回想，明知对方所讲的可能是恭维话，却还是没法抹去心中的那份喜悦。

因为，爱听溢美之词是人的天性，虚荣心是人性的弱点。当你听到对方的赞扬时，心中会产生一种莫大的优越感和满足感，自然也就会高高兴兴地听取对方的建议。

某人到私人商铺去买衣服，在试衣时，卖主惊叹道："啊！真漂亮！穿起来非常合身，朴素、大方、有风度。比以前年轻了几岁。"那人听了非常高兴，本来是不想买那件衣服的，却买回来了。

人往往是喜欢别人奉承的。有时，即使明知对方讲的是奉承话，心中还是免不了会沾沾自喜。一个人受到别人夸赞，绝不会觉得厌恶，除非对方说得太不符合实际了。

1671年5月，伦敦发生了一起举世震惊的盗窃案，一伙盗贼潜入伦敦市郊马丁塔，想要抢走英国“镇国之宝”——国王皇冠。因消息走漏，盗贼束手就擒。英王查理二世得知此事，非常震惊，决定亲自审问这些胆大包天的狂妄之徒。于是，罪大恶极的首犯布勒特被押到了国王面前。查理二世看着眼前这位其貌不扬的人，心中暗想：我倒要看看此人究竟有何能耐，居然敢盗国宝！想到这里，便开口问道：“听说你还有男爵的头衔？”“是的，陛下。”布勒特老实地回答。“我还听说你这个头衔是诱杀了一个叫艾默思的人而得来的。”“陛下，我只是想看看他是否配得上您赐给他的那个高位，要是他轻而易举地被我打发掉，陛下就能挑选一个更适合的人来接替他。”

查理二世沉思了一会儿，觉得布勒特不仅胆大包天而且口齿伶俐。于是又厉声问道：“你胆子越来越大，竟然敢来盗我的王冠？”“我知道我这个举动太狂妄了，但是，陛下，我只是想以此来提醒您关心一下我这个生活无依无靠的老兵。”“哦，什么？你并不是我的部下！”“陛下，我从来不曾对抗过您，现在天下太平，所有的臣民不都是您的部下？我当然也是您的部下。”说到这里，查理二世觉得布勒特更像是个无赖，“那你说吧，该怎么处理你？”

“从法律的角度说，我们应当被处死。但是，我们五个人每一位至少会有两位亲属为此而落泪。从陛下您的角度看，多十个人赞美总比多十个人落泪好得多。”查理二世没有想到他会如此回答，接着又问：“传说中你是个劫富济贫的英雄，你觉得自己是个勇士还是懦夫？”“陛下，我没有一个地方可以安身，到处有人抓我，去年我在家乡搞了一次假出殡，希望大家以为我死了而不再追捕我，这不是一个勇士的行为。因此，尽管在别人面前我是个勇士，但在陛下的权威面前我是个懦夫。”这番强词夺理的辩解竟然让查理二世大悦，最后竟赦免了布勒特。

赞美别人，仿佛是用一支火把温暖了人心，不仅赞美了对方，还能使彼此之间产生良好的互动关系。

年轻时的韩信，在受过“胯下之辱”后，追随汉高祖刘邦，屡建奇功，于是有人断言：“如果汉高祖没有韩信，根本无法完成统一天下的霸业。”就因如此，后来汉高祖对韩信日益强大的力量畏惧了，于是有意寻找借口，以企图谋反的罪名，要把韩信捕而杀之。

此时，韩信并不为自己辩护，只是说：“果然像人家预料的那样：‘狡兔死，走狗烹；飞鸟尽，良弓藏；敌国破，谋臣亡。’我韩信只有被烹、被杀了！”

刘邦听了，也觉得韩信乃开国第一功臣，不能要杀便杀，便将他贬王为侯，暂且搁置，以观后效。

韩信受此打击之后，心怀忧愤，整天过着不愉快的日子。就在这时，久未谋面的刘邦和韩信终于有了一次见面谈话的机会。韩信本善于恭维，便抓住这个机会，适时、适事地把刘邦恭维了一番，产生了很好的效果。

两人的话题是从评论将士开始的，但各持的见解不同。刘邦问韩信："你看我有统率几万大军的能力呢？"

韩信答："陛下最多只能统率10万左右的大军吧！"

刘邦又问："那么，你呢？"

韩信一笑："在下当然是多多益善！"

刘邦也笑着问："那你又为什么被我所用呢？"

这时，韩信开始巧妙地恭维了："陛下虽然没有'将兵'的才能，却具有'将将'的才能。在下之所以被陛下所用，道理也在于此。而且陛下的那种本能是天生的，不是普通人所能具有的。"

韩信如此的恭维，其运用之巧妙堪称一绝。当时刘邦被恭维得浑身通泰，至于他到底如何作答，史书未做记载，但由后来韩信复出就可想而知了。

赞美要发自内心的真诚的赞美，它是把对方的优点"秀"出来并由衷地赞赏，所赞美的内容的确是事实，不是虚假的。赞美的语气通常亲切自然，表情真挚，使人感到情真意切。如果赞美他人时，挂着一副冷冰冰的脸孔或满嘴讪笑的口吻，那么，对方很有可能会认为你在耍弄他，是虚情假意，是别有用心。这样的赞美就变了味，反而和讽刺没两样。

4. 用赞美“美化”你周围的气氛

生活中，人们对那些爱恭维的人总是投以不屑的目光，恭维，文雅点说，是一种赞美，或者说，它也是为了生存的一种手段，为了达到目的的一种谋略，为了求人办事的一种技巧。

秦国有位能言妙说之士名叫中期。有一天他应召入宫，和秦王讨论政事，结果秦王被驳得体无完肤。

秦王大怒，心想：你怎能一点不顾全我这一国之君的脸面！

而中期却不理不睬，缓缓走出宫去。秦王恨恨地说：

“不杀你这贼子我誓不甘心！”

中期回去后便托一位朋友进宫对秦王说：

“中期真是个粗人！刚才他是遇到圣明的君主了，大王您没有责怪他。假如换了夏桀或商纣那样的暴君，早把他杀了。我要向人们宣传此事，让大家都知道大王的豁达大度，礼贤下士。”

秦王顿觉飘飘然："先生过奖了。中期的话是很有道理的，我还要奖赏他呢！"

中期的高明在于，原则上毫不让步，但懂得在危险关头如何想方设法，运用赞美之辞使自己逃避灾祸。其实，越是身居高位的人，越需要别人的称誉和赞美。因为身居高位，难免产生自高自大、唯我独尊的心理，属下的赞美就可满足他的这种心理，而且还不至于使他感到寂寞孤独。因此，学会对那些居于高位的人予以赞美，分担他们那份沉重的孤独，用你的爱心去关心和温暖他那包裹着冰雪的心灵，他就会对你另眼看待，倍加重视。

在现实生活中，有一些人由于缺乏社会经验，一见面就是"久仰大名""如雷贯耳"之类的恭维话，这不仅会使你显得俗不可耐，听的人也会觉得味同嚼蜡。

有一位教授带着他的助手到一所学校去讲学，该学校的教导主任专程到车站去迎接，眼见一位相貌堂堂的年轻人向他走来，便高兴地迎过去说："早就听人说教授相貌堂堂、一表人才，今日一见，果真不凡，没想到你不光学问出众，人还如此年轻潇洒，真可谓是才貌双全。"听着这些话，年轻人的脸一下子就红了，不耐烦地说："教授在后面。"教导主任往后一看，才发现原来教授只不过是一位身材矮小、相貌平平的老头子。教导主任的脸当时一下子就白了。而后的几天，再也没敢在教授和他的助手面前露过面，而且还落下一大笑柄。

赞扬他人不能毫无顾忌，没头没脑。如果你的赞美使双方都陷入尴尬，或者使人感到言不符实，其结果就会适得其反，成了敷衍了事的行为。

有一次，小王随朋友到别处做客，这家的男主人博学多才，见识特别广，小王正巧要外出旅行，就让男主人给自己一些建议。男主人就告诉他什么地方好玩、什么东西好吃、什么风景值得一看、什么东西值得一买，等等。小王大为高兴，对男主人赞赏道："您去过这么多地方，真是了不起！不像一般人那样目光短浅，少见识。"男主人听了当然很开心。可小王却发现女主人对他的态度始终很冷淡，让他十分尴尬，不知在什么地方得罪了她。

原来，这个女主人从小生活在农村，没去过什么地方，成了全职太太后更没时间外出旅行了。女主人听了小王的话，觉得他是在讥讽自己是井底之蛙。

小王虽不知道这一点，但就他的赞赏而言，确实忽视了女主人的存在，这就是他称赞别人时失败的地方。如果你想既称赞丈夫又称赞妻子，那么你所要称赞的也就是夫妻双方的家庭生活，这样的话语听起来就更能取悦于人。因为，你再怎么了解这个男人，也不可能像他的妻子那样了解他。最了解一个男人的人莫过于他的妻子，而如果你称赞其丈夫时言过其实，太过夸大，就会让妻子怀疑你的诚意，又会让人家怀疑你是否有讥讽之意了。这时，如果他的妻子说“我怎么不觉得”之类的话，就会让两个大男人都十分尴尬。

总而言之，赞美是瓶空气清新剂，能让对方为之精神振奋，“美化”你周围的气氛。但你也必须清楚，人与人的关系毕竟是错综复杂的，如果说话无所顾忌，缺乏“心眼”，就很可能将“马屁”拍到“马蹄”上。

5. 赞美一定要有新意

有人说，赞美是所有声音中最甜蜜的一种，赞美应该给人一种美的感受，但很多人的赞美语言乏味，多是些陈词滥调。主要有三种表现：

（1）公式化的套词俗语

一些初涉社会交际圈的青少年很容易犯这种忌讳，自己没有社交经验，见面就是“久仰大名、如雷贯耳、百闻不如一见、生意兴隆、财源茂盛”等俗不可耐、味同嚼蜡的恭维。这种公式化的套词给人不冷不热的印象，使人感觉对方缺乏诚意、玩世不恭，造成不值得深交的印象。

公式化的套词俗语，有时还会冲撞别人的忌讳。一位年轻小伙子到同学家去玩，见到同学的哥哥后上去就来了一套公式："大哥你好，见到你真高兴！久闻你的大名，如雷贯耳，百闻不如一见！"没想到对方的脸从头红到脖子。原来，他同学的哥哥刚因打架斗殴蹲了15天的拘留出来，这个年轻小伙子根本不明情况就"久闻大名"地恭维了一番，却揭了对方的伤疤，教训甚大。

（2）鹦鹉学舌，说别人说过的话

一些人在公共场合赞美别人时，自己想不出怎样赞美，只能跟着别人学话，附和别人的赞美。常言道：别人嚼过的肉不香。

古时候，朱温手下就有一批鹦鹉学舌拍马的人。一次，朱温与众宾客在大柳树下小憩，独自说了句："好大柳树！"宾客为了讨好他，纷纷起来互相赞叹："好大柳树"。朱温看了觉得好笑，又道："好大柳树，可作车头"，实际上柳木是不能做车头的，但还是有五六个人互相赞叹："可作车头。"朱温对这些鹦鹉学舌的人烦透了，厉声说："柳树岂可作车头！我见人说秦时指鹿为马，有甚难事！"于是把说"可作车头"的人抓起来杀了。

每个人可能都有这种经历。中国人有个传统就是别人赞美自己时，自己往往都要谦虚一下。如果是在人多的场合，大家众口一词地赞美某个人的同一件事，就会使他陷入很不自在的境地，越是最后几个赞美的，如果是同样的话，越让他感到厌烦。

（3）仅仅说些限于别人专长的话

每个人都有一技之长，大家往往都很容易发现这一点，赞美其专长的人也最多。时间长了，被赞美的人听腻味了，对这方面的赞美也就不起作用了。比如一个画家，人们肯定都关注他的画技，对书法家人们可能仅赞美其书法水平。常言道：好话听三遍，听多了鬼也烦。

可见，陈词滥调不仅是社交的忌讳，也是赞美别人的忌讳。那么，怎样才能避免陈词滥调呢？

①赞美对方时要投入，抓住对方的心理去赞美。

陈词滥调往往是在不深入了解对方心理的情况下说出的疲于应付的话，无的放矢，没有目标。只有把握住对方的脉搏，才能知道他此时的心情和需要，给予别出心裁的赞美。

②赞美别人专长以外的东西，比如业余爱好等。

聪明的人善于实施“迂回赞术”，围绕对方关注的但又不是专长的方面进行赞美。举个例子说，大家都知道空姐们既漂亮又热情周到，所以听到乘客对自己容貌和服务方面的赞美太多了，可以说耳朵也起了茧子。一位黑人先生一次在下飞机时，很激动地对中国空姐赞美道：“我在国外坐了这么多次飞机，第一次遇到对我们黑人这么友好的服务小姐。”这位黑人先生没有赞中国空姐漂亮，也没有赞其服务水平有多高，而换了个角度称赞中国空姐没有种族歧视的品格，可谓别出心裁。

6. 这样赞美最能打动人心

怎样才能使赞扬打动对方的心，而不是使之流于形式呢？一个基本原则是：不要说些可有可无的客套敷衍话，要令你的赞扬真实可信。应让对方明白，你对他的赞赏是经过认真考虑的肺腑之言。

（1）要与众不同

在称赞别人的时候，要明白无误地告诉他，是什么使你对他印象深刻。你的赞赏越是与众不同，就会越清楚地让对方知道，你曾尽力深入地了解他并且清楚地知道自己现在有此表达的愿望。

称赞对方具备某种你所欣赏的个性时，你可以列举事例为证。比如，他提过的某个建议或采取过的某一行动：“对您那次的果断决定，我还记忆犹新呢！这个决定使您的利润额上升了不少吧？”

应尽量点明你赞赏他的理由。不仅要赞赏，还要让对方知道为什么要赞赏他：“当时您是唯一准确地预料到这一点的人。”

数据能使你的赞赏更加确实可信：“有一回我算了一下，用您的方法可以节省多少时间，结果是……”

如果可能，不妨有选择地给你的一些客户或合作伙伴书面致函，表示你对他们的欣赏。只要你有充足的理由，完全可以把你的赞美之辞诉诸笔墨，书面赞赏的效果往往非常之好。“赞扬信”不会被无故丢弃。如果你的文笔既有深度又与众不同，对方还会百读不厌。

（2）要恰如其分

请注意，你的赞赏要恰如其分。不要借一件不足挂齿的小事赞不绝口，大肆发挥，也别抓住一个细枝末节便夸张地大唱颂歌。这样显得太过牵强和虚假。

你的用词不可过分渲染夸张，不要动辄言“最”。当对方用五升装的大瓶为你斟酒时，你可别故意讨好地说：“这真是最好的葡萄酒！”

别让对方觉得你对他的称赞是例行公事。你当然应该比现在更经常地对你的伙伴表示赞赏，但可别在每次谈话时都重复一遍，特别是在对方与你经常见面的情况下更要牢记这一条。最重要的一点是，不要每次都用一模一样的话来称赞对方。

（3）要因人而异

即使是因为相同的事由，你也不应以同样的方式来称赞所有的人。不要去找任何时间、场合下对任何人都适用的“赞赏万金油”，它是不存在的。避免给对方留下“这人对谁都讲那么一套”的坏印象。

在很多人的聚会中，你千万不要搬出前不久刚称赞过其中某一位的话，再次恭维其他人。还是仔细想一想，每位顾客与他人相比，到底有何突出之处，这样就能因人制宜、恰到好处地赞扬别人。

（4）要利用恰当的机会

不要突然没头没脑地就大放颂辞。你对顾客的赞赏应该与你们眼下所谈的话题有所联系。请留意你在何时以什么事为引子开始称赞对方。对方提及的一个话题，他讲述的一个经历，也可能是他列举的某个数字，或是他向你解释的一种结果，都可以用来作为引子。

要是他没有给你这样的机会，你就自己“谱”一段合适的“赞赏前奏”，使得对方不致感觉这赞扬来得太突然。不妨用一句谦恭有礼的话来开头：“恕我冒昧，我想告诉您……”“我常常在想，我是不是可以说说我对您的一些看法……”这种“前奏”还有两大功用：一是唤起听话者的注意力，二是使你的称赞显得更加恳切诚挚。

（5）采取适宜的表达方式

重要的不仅是你说了些什么，还有你是怎样来表达的。你的用词，你的姿势和表情，以及你称赞他人时友善和认真的程度都至关重要。它们是显示你内心真实想法的指示器。

你应直视对方的眼睛，面带笑容，注意自己的语气，讲话要响亮清晰、干脆利落，不要细声慢语、吞吞吐吐，也别欲语还休。

小心不要用那种令人生厌的开头："顺便我还可以提一下，您的还算不赖。"这让你的称赞听起来心不甘、情不愿，又像是应付差事。

如果合适，你甚至可以在称赞的同时握着对方的手，或轻轻拍拍他的胳膊，营造一点亲密无间的气氛。

（6）精力要集中，话题要连贯

赞赏对方的机会几乎总是出现在偏重私人性的谈话中。大多数时候在谈话中你一定会谈及其他事情。但你对顾客的称赞应始终成为一个相对独立的话题和段落。赞赏对方的这个时刻，你越是集中注意力，心无旁骛，赞赏的效果就会越好。所以，在这一刻你不要再扯其他事情，要让这一段谈话紧紧围绕你的赞赏之辞，不要中途"跑题"。

让对方对你的赞美之辞有一个"余音绕梁"的回味空间，不要话音刚落就将话题转到其他双方有分歧的事情上，弄得对方前一刻的喜悦心情顷刻化为乌有。

（7）赞美不是铺路石，也不应打折扣

别把你的称赞和关系到实际利益的话题连在一起，这些话题换个场合交谈会更合适。假若你的谈话旨在推销产品或获取信息，你称赞了对方之后要留出些时间，不能马上话锋一转切入主题。要避免给对方这样的印象：你前面的赞誉只是实现你推销目标的一块铺路石。

请不要用煞风景的陈词滥调来结束你们的谈话。记住，纯粹的赞赏效果最佳!

许多人在称赞他人时都易犯一个严重的错误：他们把赞赏打了折扣再送出。对某一成绩他们不是给予百分之百的赞赏，而是画蛇添足地加上几句令人沮丧的评论或是一些能很大程度削弱赞赏的积极作用的话语。比如：“您做的菜味道真好，哪一样都不错，就是汤汁里的黄油加多了。”这种折扣不仅破坏了你的赞扬，还有可能成为引起激烈争论的导火索。

尤其那些对杰出成绩的赞赏，几乎无一例外地和批评一起“搭卖”。成绩越突出，人们就越觉得自己有责任去“评论”而不仅是称赞这一成绩。他们无法忍受只唱赞歌，一定要多少挑出点缺憾才罢休。同时，他们错误地把赞赏他人当成了自我表现的机会。他们以为他们能够通过打了折扣的赞赏来证明自己的“批判性思维能力”，从而也出出风头，显出他们的理性和水平。

任何赞赏的折扣，哪怕再微小，也使赞赏有了瑕疵，从而产生了不必要的负面影响。它破坏了赞赏的作用，使受称赞的一方原有的喜悦之情一扫而空，反而是那几句“额外搭配”的评论让人难以忘怀。

（8）不要引起对方的曲解

一男青年晚上在饭店碰到一位认识的女士，她正和一位女伴在用餐，两人刚听完歌剧，穿戴漂亮。这位男青年不觉眼前一亮，很想恭维一下对方：“噢，康斯坦泽，今晚你看上去真漂亮，很像个女人。”对方难免生气：“我平常看上去什么样呢？像个清洁工吗？”

在一次管理层会议上，一位报告人登台了。会议主持人向略显吃惊的观众介绍：“这位就是刘女士，这几年来她的销售培训工作做得非常出色，也算有点儿名气了。”这末尾的一句话显然画蛇添足地让人不太舒心，什么叫“也算有点儿名气”呢？

这些称赞的话会由于用词不当，让对方听来不像赞美，倒更像是贬低或侮辱。结果自然是事与愿违，不欢而散。

所以在表扬或称赞他人时也请谨慎小心。请注意你的措辞，尤其要注意以下几条基本原则：

①列举对方身上的优点或成绩时，不要举出让听者觉得无足轻重的内容，比如向客户介绍自己的销售员时说他“很和气”或“纪律观念强”之类和推销工作无甚干系的事。

②你的赞扬不可暗含对对方缺点的影射。比如一句口无遮拦的话：“太好了，在一次次半途而废、错误和失败之后，您终于大获成功了一回！”

③不能以你曾经不相信对方能取得今日的成绩为由来称赞他。比如：“我从来没想到你能做成这件事”，或是“能取得这样的成绩，你恐怕自己都没想到吧？”

另外，你的赞词不能是对待小孩或晚辈的口吻，比如：“小伙子，你做得很棒啊，这可是个了不起的成绩，就这样好好干！”

（9）别让对方的谦虚削弱了你赞赏的作用

或许有些人很少受表扬，所以听到别人称赞他时会不知所措。还有些人在受到称赞时想要表明，取得优秀成绩对他来说是家常便饭。这两种人面对赞赏的反应几乎一模一样：“这不算什么特别的事，这是应该的，是我的分内事。”

听到对方这种回答时，你不要一声不响，此时的沉默表示你同意他的话。这就好像在对他说：“是啊，你说得对，我为什么要表扬你呢，我收回刚才的话。”

相反，你应该再次称赞他，强调你认为这是值得赞赏的事。请简短地重复一遍对他哪些方面的成绩特别看重，以及你为什么认为他表现出众。

7. 多在背后说人好话

秘密在告诉别人后就不成其为秘密。然而，我们却常在许多场合里，听过或者说过“我告诉你一件秘密，你可不能再告诉别人！”我们总是天真地认为对方会保守秘密，绝不会再让他人知道，殊不知隐藏不住秘密是一般人的常情，而秘密终究会传到当事者的耳朵里。

倘若传递的事件有关个人的名誉时，其影响力之大将不可比拟。令人心悸的是，如果这秘密是恶意的抨击批评，在告诉他人时，连听者也极有可能对你产生不安，怀疑你这种人在他处也会采取同样的行动来诽谤自己。至于传到当事者耳朵里的后果当然更不用说。

看到这里，我想你一定会反问，如果以“我告诉你一件秘密，你可不能再告诉别人”的方式来间接表达赞美之词，是不是能获得比预期更好的效果呢？答案是肯定的。利用这种人性弱点，将称赞之辞传出去，的确是恭维别人、尊崇他人的良好方法。

背后的称赞比当面的赞美，更能获得他人的欢欣。人们都讨厌背后说别人坏话的小人，一方面是背后说坏话，会有中伤别人的感觉，另一方面，人们会觉得背后的评价更能体现那个人内心的真实想法。因此，当他知道一个人在背后赞美自己的时候，他也会感觉你真的是这样想的，会更加高兴。不要担心你在别人面前说另一个人好话，那些好话当事者不会听见，这世界没有不透风的墙，就算赞美传不到他本人耳朵里，别人也会因为你在背后夸奖人而更加敬重你。

《红楼梦》中有这么一段：

史湘云、薛宝钗劝贾宝玉做官为宦，贾宝玉大为反感，对着史湘云和袭人赞美林黛玉说：“林姑娘从来没有说过这些混账话！要是她说这些混账话，我早和她生分了。”

凑巧这时黛玉正来到窗外，无意中听见贾宝玉说自己的好话，“不觉又惊又喜，又悲又是叹。”结果宝黛两人互诉肺腑，感情大增。

因为在林黛玉看来，宝玉在湘云、宝钗、自己三人中只赞美自己，而且不知道自己会听到，这种好话就不但是难得的，还是无意的。倘若宝玉当着黛玉的面说这番话，好猜疑、小性子的林黛玉怕还会说宝玉打趣她或想讨好她呢。

赞美是一种学问，其中奥妙无穷，但最有效的赞美则是在第三者面前赞美人。这种方法不仅能使对方愉悦，更具有表现出真实感的优点。假如有一位陌生人对你说：“我的朋友经常对我说，你是位很了不起的人！”相信你感动的心情会油然而生。因为这种赞美比起一个人当面对你说“先生，我是你的崇拜者”更让人舒坦，也更容易让人相信它的真实性。

美国前总统罗斯福有一个名叫布德的副官，他对赞美曾有过非常深刻的见解：背后赞美别人的优点，比当面恭维更为有效。可以说，这是一种很高的赞美技术，在人背后赞美人，在各种赞美方法中，要算是最使人高兴的，同时也是最有效果的。因为当你直接赞美别人时，对方极可能以为那是应酬话、恭维话，若是透过第三者的传达，效果便截然不同了。此时，当事者必然认为那是认真的赞美，毫无虚伪，于是真诚接受，感激不已。

试想一下，如果有人告诉你，某某人在你背后说了许多关于你的好话，你会不高兴吗？这种赞美，如果当着你的面说给你听，或许会适得其反，让你感到虚假，或者疑心他是不是出于真心。为什么间接听来的便觉得特别悦耳动听呢？那是因为你坚信对方是在真心赞美你。

事实上，在我们的周围，可把这种方法用在很多场合。例如，一个员工，在与同事们午休闲谈时，顺便说了上司的几句好话，“咱们的上司很不错，办事公正，对我的帮助尤其大，能为这样的人做事，真是一种幸运。”如果这几句话传到他的上司的耳朵里去了，这免不了让上司的心里有些欣慰和感激。而同时，这个员工的形象也上升了。

不要小看这些细节，生活就是由无数个细节组成的。生活没有多少轰轰烈烈被载入史册的事情等着我们，我们要做的只是细节，一个又一个。现在，我们要注意的一个细节是，坚持在背后说别人好话，别担心这好话传不到当事人的耳朵里。

在说别人的好话时，当面说和背后说是不同的，效果也不会一样。你当面说，人家会以为你不过是奉承他，讨好他。当你的好话在背后说时，人家认为你是出于真诚，是真心说他的好话，人家才会领你的情，并感谢你。假如你当着上司和同事的面说上司的好话，你的同事们会说你是讨好上司，拍上司的马屁，这容易招致周围同事的轻蔑。另外，这种正面的歌功颂德，所产生的效果反而很小，甚至有反效果的危险。你的上司脸上可能也挂不住，会说你不真诚。与其如此，倒不如在公司其他部门，上司不在场时，大力地“吹捧一番”。这些好话终有一天会传到上司的耳中的。

“前”与“后”的关系构成一个整体。所谓“思前想后”讲的就是这个道理。人生也有“前台”与“后台”，即如何处理好人前与人后的关系，往往影响很大。坚持在别人背后说好话，对你的人缘会有意想不到的影响。背后说好话，这样就可以人人不得罪、左右逢源、你好我好大家好了。

第二章

机智应变，举重若轻

——幽默的艺术

幽默是一种学问，是一种交谈的艺术，是睿智和豁达的体现，是一个人的思想、学识、智慧、灵感在语言中的体现。幽默能表事理于机智，寓深刻于轻松，运用得当时，既可提升你的品位，又可为谈话锦上添花，叫人轻松之余又深觉难忘。

1. 幽默是一种修养

幽默只有扎根知识的沃土，饱吸知识的营养，才能茁壮地成长起来。所以，一个幽默高手，一定要提高自己的知识修养。幽默也是一种修养，一门学问。广博的知识使幽默得心应手，左右逢源。

我们看下面一个例子：

两个乡下财主站在村头说私房话儿，农夫老田见了，同他们打过招呼就走了。忽然，其中一个财主喊道："黑老田，站住！"

农夫站住了，对匆匆赶来的瘦财主说："您有什么事儿？"

瘦财主喘了喘气无中生有地说："你打断了我们的话把子，赔三石谷，折合洋钱五十块，必须三日之内交清。"

老田回到家里，愁眉苦脸，茶饭不进，只差没寻短见了。他的妻子问怎么了，老田照实说了。他的妻子就说："这有什么可怕的？到时由我对付！"

到了第三天，田妻叫老田上山打柴，自己便在家门口等着。瘦财主来了，劈头就问："你家老田呢？"

田妻不慌不忙地回答说："他上山挖漩涡风的根去了。"

瘦财主一听，喝道："胡说，漩涡风怎么还有根？"

田妻反问："那么，话还有把子吗？"

瘦财主无言以对，只得愤愤地走了。

幽默是建立在知识与经验的基础上，想成为一位幽默家，必须对古今中外、天南地北、历史典故、风土人情都有所了解，必须对天文地理、声光电化、文法哲经、名人轶事、影星趣闻等都有所关注。

"世事洞明皆学问，人情练达即文章。"只有多读书多阅世，多积累知识，扩大知识面，懂得并熟练地按技巧操作，才能修成正果。

隋朝时，有个人很聪明，但说话结巴。官高气盛的杨素，常常在闲暇无聊的时候，把那人叫来说说笑话。

年底的一天，两人面对面地坐着，杨素开玩笑地说道："有一个大坑，深一丈，方圆也一丈，让你跳进去，你有什么办法出来吗？"

那人低着头，想了想，问道："有有有有梯子吗？"

杨素说："当然没有梯子，若有梯子，还用问你吗？"

那人又低着头想了想，问道："是白白白白天，还是黑黑黑夜？"

杨素说道："不要管是白天还是黑夜，你能够出来吗？"

那人说道："若不是黑夜，眼眼眼又不瞎，为什么掉掉掉到里面？"

杨素不禁大笑。又问道："忽然命你当将军，一座小城，兵不满一千，只有几天的口粮，城外有几万人围困，若派你到城中，不知你有什么退兵之策？”

那人低着头想了想，问道：“有救救救救兵吗？”杨素说道：“就因为没有救兵，才问你。”

那人又沉吟了一会儿，抬头对杨素说：“我审审审慎地分析了形势，如像您说的，不免要要吃败败败仗。”

杨素大笑了一阵，又问道：“你是很有才能的人，没有事情不懂得。今天我家里有人被蛇咬了脚，你能医治医治吗？”

那人应声答道：“用五月端午南墙下的雪涂涂涂涂上就好了。”

杨素道：“五月哪里能有雪？”

那人说：“五月既然没没没有雪，那么腊月哪里有有有有蛇咬？”

这个人虽然说话不利索，但他头脑反应机敏，用幽默把他的才华体现得淋漓尽致。

幽默的谈吐是表达自己友善态度的必胜法宝，它能放松谈话对象的拘谨心情，打破现场气氛的紧张沉闷，为你树立一个有品位的社会形象。美国第35任总统约翰·菲茨杰拉德·肯尼迪就是一位善于用幽默表现自己品位的人。

1962年，肯尼迪总统偕夫人杰奎琳前往法国访问。在访问行程中，肯尼迪及其夫人多次被要求介绍自己，同时发表对法国之行的看法。

在夏乐宫的记者招待会上，肯尼迪再次被问到类似的问题，这一次他没再用官方的口吻回答记者的问题，而是笑着说："本人是陪同杰奎琳·肯尼迪到巴黎来的男士，为此，我感到很荣幸。"

对政界名流来说，介绍自己既是一件非常容易的事情，又是一件很难的事情。倘若一直按照惯例来介绍自己，只能给人以应付场合之感，而对自己介绍得过多，则又给人以张扬之感。肯尼迪巧妙地将自己设置在陪同妻子的位置上，既展现了尊重妻子的绅士风度，又展现了自己的亲和力。正因为如此，肯尼迪的言语在崇尚浪漫的法国自然得到了国民的称赞。而肯尼迪也因此奠定了自己在法国人民心中亲切、优雅的形象。

让自己在别人眼里变得有品位不是一件容易的事情，需要对别人报以极大的宽容才可以做到。这一点，对一些管理者更是不容易做到的，尤其是在面对个别桀骜不驯的下属的时候。聪明的上司在此时，都不会选择强行使下属就范，而是用自己宽厚豁达的胸怀以及幽默得体的方式，轻松改变下属，使之变得服从。

2. 幽默是人际关系的润滑剂

幽默是人们在社交场合中所穿的"最漂亮的服饰"。在日常生活中起着点缀、调和、调节的作用，幽默不仅能为你赢得广阔的人脉，助你摆脱尴尬与窘迫，更能像润滑剂一样，降低人际交往中的"摩擦系数"，化解冲突和矛盾，使人们从容地摆脱沟通中可能遇到的困境。

在一辆载满乘客的公共汽车上，大家挤在摇摇晃晃的车厢里，像沙丁鱼罐头一样。由于天气很热，一些人手里拿着各种冷食在吃着。

这时，一位吃冰激凌的青年，用嘴一咬，只听“吱唧”一声，那冰激凌汁喷射出来，正好溅到旁边一位青年的鼻子上。

一瞬间，大家认为争吵将马上开始。被溅到冰激凌那位青年的女友，一边掏出手帕给他擦脸，一边狠狠地瞪着那个吃冰激凌的人。

不料，她的男友却笑着说：“你等一下，他还没有吃完，可能还会飞溅过来的，待会儿一块擦。”

他的话很有节制，也很幽默，旁边的许多人都笑出声来。那位惹祸的青年也尴尬地笑起来，并再三道歉。

当这个幽默的小伙子和其女友下车时，全车的人都投去敬佩的目光。

吃冰激凌的青年无意中把汁水溅到别人身上，他是无害人恶意的，但客观上他却使别人受到了小小的损害，这对一个正派人来说，心理上定有几分负疚感。这个时候，如果受损害的人再加以责备，显然是不英明的举动。

这个被溅了冰激凌的男青年，没这样做，他仅仅是说了句玩笑话，立刻使一触即发的紧张局面得到缓和，化敌意为友好，表现出很高的修养。

生活中很容易遇到一些矛盾与冲突，幽默的语言能够巧妙地化解这些矛盾，并给双方都保留圆融的余地。

一位妻子过生日，她丈夫请她到一家餐馆吃饭。要了一道菜叫“蚂蚁上树”。可端来的菜盘只有粉丝不见肉末。

妻子故作不知，问服务小姐：“服务员，这道菜叫什么？”服务小姐仔细一看，不好意思地回答：“蚂蚁上树。”

“怪了，怎么只见树不见蚂蚁呢？”妻子有些得理不饶人，面对一声高过一声的质问，服务小姐十分窘迫。

丈夫见状，马上接过话来，说：“老婆，大概蚂蚁太累了，还没爬上来呢！服务员，麻烦你跟老板说一声，赶紧给我们换一盘爬得快的蚂蚁。要知道时间就是生命啊！”

服务小姐如释重负，赶紧为他们换了一盘名副其实的“蚂蚁上树”。

这位丈夫真是善解人意，他的话幽默风趣而又大度，既缓解了紧张的气氛，又让双方都找到了体面下台的契机。妻子听了他的话，会心地展颜一笑；服务小姐呢，则带着感激的心情，想办法补偿过失。这样机智而幽默地处理问题，既消解了冲突，又缓和了气氛，这位丈夫可谓是睿智成熟的交际高手。

人生风云难测，爱情和婚姻也不会一帆风顺，恋人和夫妻之间也难免会有磕磕碰碰，此时，幽默的话语就能消融夫妻之间的疙疙瘩瘩。

红梅和李清是多年的同事，两人隔桌而坐，情谊深厚，彼此都建立了良好的默契。尽管如此，也是难免发生矛盾的，就像亲密的牙齿和舌头，有时难免也会有牙咬舌的疼痛。一次，为了处理老板交代的事情，两人有着不同的看法，在争执不下的情况下，她们居然发生严重的口角，彼此冷战，形同陌路。到了第三天，红梅实在忍受不了如此的工作气氛，为了打破僵局，于是在李清也坐在座位时，她就翻箱倒柜，把办公桌的抽屉全部打开来翻找一番，这时，李清终于开口说话："喂，你把所有抽屉打开来，到底在找什么？"红梅看看李清，幽默地说："我在找你的嘴巴和声音啦！你一直不跟我讲话，我怎么跟你讲话！"两人扑哧一笑，重归于好。

幽默可以让人放松心情，拉近彼此的距离。发生争执的时候，适时的笑话可以化干戈为玉帛。

智慧有时就隐藏在假装糊涂的幽默中。很多场合常常会出现意外事件，如果不能妥善处理，就会使人更难堪，从而破坏气氛。遇到这种情况时，要想化解难堪和尴尬，不妨假装糊涂，幽默、机智地应变。如果在出现问题的时候直接向别人道歉或进行反驳，有时只会使自己更加难堪，适当地装装糊涂，幽默一下，反而能够巧妙地解决问题。

一位空中小姐用悦耳的声音说道："请把烟灭掉，把安全带系好。"所有旅客都按空中小姐的吩咐做了。过了5分钟，空中小姐用比前次更优美的声音说道："请把安全带再系紧一些，很不巧，我们飞机忘了带食品。"

按常规，空姐要乘客再次系紧安全带，显然是飞机出现了某些不安全的因素。然而，空姐的提示却一反常态，装糊涂地岔入了另一轨道——忘带食品，这自然产生了十分幽默的情趣，免去了乘客的恐慌心理。

我们在生活中，总是遇到各种人，要不断地、交替地扮演着多种角色，因此，我们有可能要去应付不合理的要求、令人不快的行为或者闹得不像话的场面。

舞台上，一位杂技演员表演踩蛋，一不留神，把脚下的一个鸡蛋踩碎了，这一切全暴露在观众的眼里，台下一阵骚动。

这位演员很尴尬地又换了一个鸡蛋。这时，主持人忙打圆场："为了增加艺术效果，证实鸡蛋是真的，所以演员故意踩碎了一个给大家看。"也许上帝就爱这么捉弄人，主持人话音未落，演员脚下的鸡蛋又踩碎了一个。观众的眼光马上转向主持人：这回看你怎么说？

只见主持人无可奈何地叹了口气，说："唉，社会上的伪劣产品屡禁不绝，看来政府真得加大打击力度了，这不，连母鸡都生产劣质产品了！"

你也许是个聪明人，但在一些使人难堪或尴尬的场合时，不妨能够装一下糊涂，这样不但可以帮你从窘境中解脱出来，还可以起到讽刺对方的幽默效果。

两个陌生人在别人的介绍下约会。小姐问先生："你有奔驰吗？"先生摇摇头："没有。""你有洋房吗？""没有。"小姐讪笑道："那么，看来我们也没有缘分！"

先生无可奈何地起身，自言自语道："难道非要我把宝马换成奔驰，把三百平方米的别墅换成洋房吗？"

这位先生的糊涂装得真是有水平，听完这位先生的“自言自语”，小姐一定会后悔自己有眼无珠，同时也会为自己嫌贫爱富的势利心态感到无比羞愧。

普希金年轻时并不出名，有一次，他在彼得堡参加一个公爵的舞会。他想邀请一位年轻漂亮的贵族小姐跳舞，这位小姐十分傲慢地说：“我不能和小孩子一起跳舞。”普希金微笑地说：“对不起，亲爱的小姐，我不知道你正怀着孩子。”说完，礼貌地向她鞠躬。

莎士比亚的著作《第十二夜》中主人公薇奥拉说过这样一句话：“因为他很聪明，才能装成糊涂人。彻底成为糊涂人，要有足够的智慧。”

你不妨在适当的时候给你的朋友来点糊涂的幽默，比如，你朋友脸红，你可以建议他少吃点儿苹果；你朋友脸黄，你就建议他少吃点儿地瓜。你越是把不可能的事情联系到一起，就越能显示出了你的“糊涂”、你的可笑、你的幽默和你的智慧。

总而言之，幽默是人际关系的润滑剂，能够使社交更加成功。友善的幽默能够表达人与人之间的真诚友爱，能沟通心灵，拉近人与人之间的距离，填平人与人之间的鸿沟，是和他人建立良好关系不可缺少的东西。

3. 一语惊人显幽默才华

语言是交流的工具，它能表达人们的思想和情感。同一种意思，长短不同的句子具有不同的表达效果。一般书面语中用长句子的时候较多，因为书面语讲求逻辑严密。但是在日常生活中，为了表达和接收的方便，我们则较多使用短句表达我们的想法。

所以，一般的生活用语大都简短有力。比如在日常交流中，经过很长时间的沉默后，以一两句画龙点睛的话去做总结，就会产生令人难以抗拒的幽默效果。

在一次电视节目中，主持人向一位女作家问了这样一个问题：“婚姻要持久，你认为什么是最重要的？”

“一个耐久的丈夫。”女作家随口答道。

那位主持人提出的问题不是一两句话就能说清楚的，但女作家又不能不回答，为了避免过多的纠缠，女作家一句“一个耐久的丈夫”，既幽默、简洁，又发人深思，可谓“一语惊人”。

其实，生活是个很大的舞台，在这个大舞台的很多场景里，我们都能看到各种各样的人演出一幕幕“一语惊人”的剧目。女作家可以成为主角，小女孩也可以。

在有限的时间和空间内，哪怕是第一次见面，幽默都能让我们一展才华，左右逢源，令人耳目一新，印象深刻。

在萧伯纳访问苏联期间。一天早晨，他照例外出散步，一位极可爱的小姑娘迎面而来。萧伯纳叟颜童心，竟同她玩了许久。临别时，他把头一扬，对小姑娘说："别忘了回去告诉你的妈妈，就说今天同你玩的可是世界上有名的萧伯纳！"萧伯纳暗想：当小姑娘知道自己偶然间竟会遇到一位世界大文豪时，一定会惊喜万分。

"您就是萧伯纳伯伯？"

"怎么，难道我不像吗？"

"可是，您怎么会自己说自己了不起呢？请您回去后也告诉您的妈妈，就说今天同您玩的是一位苏联小姑娘！"

上面故事中，苏联小姑娘不但"一语惊人"，"惊"的还是一个伟大的人物。她聪明幽默地展示了人人平等、自信等值得赞扬的信念，从而一语惊醒了表现得有些骄傲的萧伯纳。

就像上面故事中的萧伯纳一样，一些做出了伟大贡献的人往往有自大的毛病，他们说话、做事也往往以自己为中心，甚至把自己看成别人的骄傲。作为他们身边的人，你有责任委婉地提醒他们不要过于狂妄自大，这不但能够保护自己免受他们的伤害，而且对他们自己也是很有好处的。

有一次，拿破仑对他的秘书说："布里昂，你也将永垂不朽了。"布里昂迷惑不解。拿破仑提示道："你不是我的秘书吗？"布里昂明白了他的意思，微微一笑，从容不迫地反问道："那么请问，亚历山大的秘书是谁？"

拿破仑答不上来，便高声喝彩：“问得好！”

上面这个幽默例子，应该属于机辩的类型。机辩在某种程度上讲，有一定反击性。当对方出言不逊足以伤害你的自尊心的时候，及时地、机智幽默地加以反击，也就能一语惊醒他。下面这个故事中病人所用的也是一语惊人式的幽默。

“能告诉我，你为什么要从手术室跑出来吗？”医院负责人问一个万分紧张的病人。

“那位护士说：‘勇敢点，阑尾炎手术其实很简单！’”

“难道这句话说得不对吗？她是在安慰你呀！”负责人笑着对病人说。

“她是对医生说的。”

病人幽默地画龙点睛，鲜明地表达出自己对医生手术水平的怀疑。本来一个不容易启齿的事情，被他用三言两语幽默含蓄地表达清楚了。

幽默不但可以保护自己，还可以将自己的个人魅力不断提升。幽默会给人们带来更多的关注。

某大学生物系有一位植物学教授，他教的课程虽然是冷门课程，但只要是他上课，几乎堂堂爆满，甚至还有人宁愿站在走廊边旁听。原因并不是这位教授专业知识多，而是他的幽默风趣风靡全校，使得学生们都喜欢上他的课。

一次，该教授带领一群学生深入山区做校外实习。沿途看到许多不知名的植物，学生好奇地一一发问，教授都详细地回答解说。一位女同学不禁停下了脚步，对着教授赞叹地说："老师，您的学问好渊博呀，什么植物都知道得那么清楚！"教授回头眨了眨眼，扮个鬼脸笑道："这就是我为什么故意走在你们前头的原因了，只要一看到不认识的植物，我就'先下脚为强'，赶紧踩死它，以免露馅！"学生们听了哈哈大笑，可见，这次实习之旅是一趟充满笑声的愉悦之旅。

当然，教授只是开个玩笑，幽默一下而已，这也就是他广受学生欢迎的原因。

"一语惊人"的幽默有"秤砣虽小压千斤"的力度和"片言明白句，坐役驰万里"的广度。由于"一语惊人"的幽默具有这一特点，我们在交谈中使用这一技巧时，就应该用最简洁明了的语言表达出自己的意思，切勿拖泥带水。

4. 幽默使你的人脉"存折"更充实

奥地利精神分析大师弗洛伊德讲过："最幽默的人，是最能适应的人。"没错，在现实生活中，幽默的人总是能恰到好处地处理遇到的人际关系尴尬，使自己的人脉"存折"越来越充实。

有一个老将军，在一次宴会中，一个年轻士兵不小心把酒泼到他的头顶上。这事很尴尬，老将军若发怒，场面就会很不愉快；老将军若默不作声，场面也将会很难堪。

老将军笑着拍拍士兵的肩膀说：“小伙子，我的头发是很少，谢谢你有这份诚心为我治疗，我也听过酒疗治病法。可是，你以为你这种方法能够治疗吗？”

于是，其他人也跟着笑了起来。

正因为老将军这句话，才重新恢复了场面的和谐。如果这个老将军当场就发怒，不但场面恢复不了原来的样子，恐怕以后对他个人的形象也不会太好。别人虽然在他的面前不会说什么，毕竟他是将军。可是，在背后就不一定了。老将军的做法不仅恢复了当时的气氛，而且也让别人觉得他非常幽默，更会觉得他很有素养、宰相肚里能撑船。

幽默在人际交往中，就像暖暖的春风，可以吹散人们心中的紧张，可以缓解人们内心的焦虑，缩短彼此间的距离，是胸襟豁达的表现，即使在不愉快中也能破除尴尬，制造出令人轻松高兴的心情。

一个夏天的傍晚，小刘到朋友大周家小坐，一进门就发现大周夫妻俩的表情有点不正常。才坐了一会儿，小刘“啪”的一声打死了一只蚊子，一摸胳膊，已经鼓起了一个大包。他于是调侃道：“你家蚊子怎么专门叮生人啊？”

大周笑着说：“这可是我们家的看家蚊子哦！”

大周的爱人小玉趁机借题发挥：“哼！连我们家的蚊子也学会喜新厌旧了。”说完用奇怪的眼光扫了丈夫一眼。

小刘把这些都看在眼里，心想小玉肯定是在影射自己的丈夫，一时间气氛又有点尴尬。

小刘脑子转得很快，故意自言自语地念念有词起来。

小玉奇怪地问他：“你在跟谁说话啊？”

小刘歪着头说：“你没看见你家的看家蚊子正在跟我咬耳朵吗？”

小玉感到很好笑：“那它在跟你说什么啊？”

小刘说：“他在说哼哼哼，嗡嗡嗡，听懂了吧？”

小玉忍不住笑了：“我又不是蚊子！”

小刘说：“它对我说，我咬了一口，才知道你是个男的，要不然，我还当你是第三者插足呢？”

大家都笑了。就这样，幽默使夫妻间的矛盾和不愉快化为乌有了。

幽默能在参与者之间产生一种强烈的伙伴感和一致对外的攻击性。幽默可以一下子拉近两个人之间的感情距离，因为一起笑的人表明他们之间已经有了共同的兴趣、爱好，这是建立人脉的很重要的一步。

深受美国人民爱戴的美国前总统林肯的容貌很难看，这本来是讨人喜欢的一个障碍。林肯认识到这一点，但并没有回避它，反而利用它拉近了与人们的距离。

一次，林肯的政敌说林肯是两面派。林肯以平和的态度说：“现在，让听众来评评看，要是我有另一副面孔的话，我还会戴这副难看的面孔吗？”

林肯用幽默显示了对自己的达观态度，体现了他的真诚，赢得了人们的理解，更表露了人们所需要的人性和人情味。

美国前总统里根曾回到他的母校，在毕业典礼上致词时，他嘲笑自己在学校的成绩。他说道："我返回此地只是为了清理我在学校体育馆里的柜子，但获此殊荣，我心情十分激动，因为我过去总认为只有得到第一名才是荣誉。"

当然，这一番展示自己另一面的讲演，取得了很好的效果。

幽默是人们互相沟通，化解矛盾，拓展人脉的润滑剂。在当今社会中，有许多走红的主持人属于那种相貌平平的人，那么，为什么他们会如此受人欢迎呢？原因在于，他主持节目时的轻松挥洒的幽默技巧弥补了外观条件的缺憾。还有一些平日沉默寡言而表情严肃的人，如果有一天，突然由他口中迸出一句令人喝彩的笑话，往往能打破与他人之间的隔阂，拉近彼此的关系。因此，你可以以幽默来打造你的人脉。

人是理性化的，所以处处都存着戒备之心；人是情绪化的，笑能够使人松弛神经，打开对方的心门。而幽默就是创造笑的源泉，笑的加工厂，人们凭借幽默的力量，打碎自己的外壳，主动地与人交往，触摸一颗颗隔膜的心，通过幽默使人们感受到你的坦白、诚恳与善意，使人与人之间的人际关系更加和谐。

5. 用幽默为你消除尴尬

生活中，幽默像一朵朵美丽的小花，缓解我们内心的焦虑；交际中，幽默又无异于一丝丝湿润的雨露，冲淡紧张的气氛。幽默是胸襟豁达的表现，它每时每刻都在用愉悦缩短彼此间的距离，即使在不愉快的时候也能沁人心脾。

一次，当一位朋友来拜访林肯总统时，正有一队士兵在门外等候林肯训话。

林肯请这位朋友随他外出，并继续和他谈话。当他们行至回廊时，军队齐声欢呼起来。那位朋友这时本应该识趣地退开，但他并没有意识到这一点。于是，一位副官走到那人面前，嘱咐他退后几步。他这时才发现自己的失态，窘得满脸通红。但是，林肯却立即幽默地说："弗兰德先生，你得知道他们也许分辨不出谁是总统呢！"

在那难堪的一瞬间，林肯用他的机智十分巧妙地化解了这一窘迫的局面。

国内一所大学邀请一位在美国的华人教授做演讲，时间约定了。可是还剩下两天的时候，大学的学生会来了电话，希望更改时间。原因是同一时间有一个青年歌手大奖赛，就在预定教授演讲的会场对面。但是教授的时间表已经排满，无法更改，对方又不愿取消。逼得教授只好按原定计划前往。

车子开进校门，远远看到外面围了一些人。可是会场里面的座位却空出近乎一半。这时，教授心里多少有一点发怵，教授的自尊心也是脆弱的，面对一半的空座位去演讲，该是多么尴尬的场面啊。这个时候，教授微笑着说：

“今天，我走进会场的时候，有一种感觉，那就是要特别感谢那些站在门口和走廊里的同学。因为他们是用躯体语言给我鼓气，宁愿站着，也要听我老头子讲完。而且，他们是经过慎重选择的：在老头子的美和少男少女的美之间，他们选择了老头子的美；在说的和唱的之间，他们选择了说的。因为他们相信：说的一定比唱得好听。”

“哗——”教授的话还没说完，满场就沸腾起来，掌声像一位诗人所写的那样：“像鸽群四起”，而那些站在门外的动摇分子，也笑着涌进了会场。一些被掌声和笑声吸引过来的大学生，只好挤在门外，有的就爬到了窗台上。

一种和谐的气氛形成了，台上和台下互相交流、互相鼓舞的语境被创造出来了。之后，哪怕是一举手，一投足，一扬眉，乃至一次偶然的口吃，都引起了热烈的掌声和笑声。

幽默可以巧妙地把陷自己不利的因素，用一种荒诞又荒谬的逻辑歪曲成有利因素，机智地将自己从困境中解脱出来。

1944年秋，艾森豪威尔亲临前线给第29步兵师的数百名官兵训话。当时，他站在一个泥泞的小山坡上讲话，讲完后转身走向吉普车时突然滑倒。原来肃静严整的队伍轰然暴响，士兵们不禁捧腹大笑。面对突发情况，部队指挥官们十分尴尬，以为艾森豪威尔要耍耍脾气了。岂料，他却毫不介意地爬起来，幽默地说：“从士兵们的笑声看来，可以肯定地说，我与士兵的多次接触，这次是最成功的了。”

当人们叹服时，往往就会对你产生好感，也容易接受你的意见，所以在西方社会，幽默感被认为是一种杰出的能力。

一次，美国前总统里根在白宫钢琴演奏会上讲话时，夫人南希不小心连人带椅一起跌落在台下的地毯上。正讲话的里根看到夫人并没有受伤，便插入一句说道：“亲爱的，我告诉过你，只有在我没有获得掌声的时候，你才应这样表演。”台下响起了一片热烈的掌声。

原本是一件令里根非常尴尬的事，在这时如果埋怨或者置之不理都会令人不快，不光是台下的人不快，也包括台上的人。而里根在社交的危难之时，运用幽默化险为夷，出奇制胜地获得了极佳的效果，显露出他的机智、豁达，拉近了和观众的距离，这是运用幽默进行社交的范例。

幽默到底是什么，有人这么回答：“幽默是痛苦与欢乐交叉点上的产物。”即以严肃的态度对待一切，而以轻松的态度对待自己，尤其是面对失败、面对挫折，面对生活中的种种不幸，以幽默的态度一笑置之，那实在是一种君子坦荡荡的磊落襟怀。幽默并不是天才、高智商、喜剧演员的专利品。当你在突然间或意外地陷入窘境时，也不妨巧妙地幽它一默。

6. 幽默让你的小错误也显得可爱

犯了错误并不可怕，只要是能够给自己的错误以轻松诙谐的诠释，就有让你从险境脱身的机会。只要你的笑够灿烂，就有摧毁一切的威力。

面对复杂的职场环境，如果真的不小心犯错了，在反省自己的错误之余，还要弥补自己的错误造成的损失，打破错误给自己造成的困扰。这时候幽默通常是我们的不二选择。下面这个小王就是这样来为自己解围的：

小王是个上班族。一次，他在上班时间去理发。而公司明文规定，员工在上班时间不能随意外出。小王正在理发时，公司经理出现在他面前。经理面带着怒色，小王也紧张起来。

经理对小王说：“小王，现在是上班时间，你为何在理发店？”

小王吸了两口气，平静下来，回答道：“经理，您看，我的头发是在上班时间长的。”

经理马上接道：“不全是，你下班时间也长头发了。”

小王礼貌地回答：“您说得太对了！所以我现在只剪上班时间长的那部分。”

小王的回答可谓是“强词夺理”，不过假如小王被问得哑口无言，不懂得用幽默来为自己解围的话，一定会很尴尬，而且还让经理非常生气。而聪明的小王用了一个小小的幽默，经理不仅对小王的巧辩比较欣赏，而且还可能会对小王另眼相看，至于这样的小错误，也就不会太放在心上了。

小陈刚刚在一家大型企业中谋得一份相当不错的工作。然而新工作地点离家有很长的一段距离，他每天要转好几趟公交车，所以很容易迟到。但公司有项规定：每月上班迟到累计超过三次者，公司将对其解聘。

恰好这个月，小陈已经迟到两次了，所以老板曾提醒过小陈：“就等你下次了！”没想到在星期二的早上，小陈偷了点懒，多睡了会儿，不觉又迟到了。当他企图溜进办公室的时候，被老板发现了。

小陈灵机一动，对老板说道：“您好，老板！本人小陈，今年25岁，本科文凭，工作经验丰富，愿毛遂自荐，申请我即将失去的这份工作。”听了小陈的一席话，老板忍不住笑，走出了办公室。这下，小陈的工作保住了。

对于公司的规定，小陈不知道如何狡辩，但是他却从另外一个角度去化险为夷，让自己即将失去的工作得到了保留。小陈的这种幽默让老板开心，至于迟到这种事情，就只好不了了之。

有一个公司主管对她的秘书说：“将我的报告打印5份给我。”秘书很快就按下了打印机的按钮。很快，15份报告就被打印出来了。

主管笑着对秘书说："小姐，我不知道是你没听清楚，还是打印机不听指令。我只要5份报告。"秘书也笑着对她说："对不起，主管，我想是打印机的耳朵出问题了，看起来真该修理修理它了。"

主管对秘书的批评非常幽默，而秘书接受批评也接受得非常幽默，表面上把打印机拿出来做挡箭牌，其实是向上司表明了自己的态度。

幽默可以让人心情愉悦，一些小错误就会在幽默的糖衣炮弹下被人淡忘，让自己的事业更加顺利，所以，在职场中一定要学做一个幽默的人。

巧妙地运用幽默，可以及时地弥补失言所带来的过失，从而避免因失言而给双方的关系蒙上阴影，并让双方的交往变得更为顺畅。

1912年，罗斯福在一个小城市发表演说。演说中，罗斯福说他一向支持和赞成妇女参政议政。

这时，有人突然喊道："罗斯福，你以前不是非常反对妇女参政吗？"

罗斯福坦然地回答说："是的，我的确是反对过妇女参政，在此我向她们表示歉意。那是在五年前我的学识还不够丰富的时候，但是我现在已有进步了。五年的时间，地球都已经围绕太阳公转了五个圈子，难道我还不能转变我的观点吗？"

当我们不小心出现了失言时，巧妙地使用幽默，可以使我们顺利地弥补错误，不让对方产生不满，从而使自己尽快摆脱窘迫的境地。

有一次洛克菲勒要到安莫洛·林白家喝茶。

安莫洛·林白的母亲心想，自己调皮的女儿很有可能会当着洛克菲勒的面，说他有一个大鼻子，于是安莫洛太太千叮万嘱地告诉她的小女儿："等到洛克菲勒先生来了，千万不能提他的鼻子，否则，就是对客人的不尊重。"

洛克菲勒来了，安莫洛·林白很有礼貌地表示欢迎，之后就跑到院子里玩去了。安莫洛太太拿起茶壶，终于松了一口气，她很有礼貌地对洛克菲勒说："洛克菲勒先生，要不要在你的鼻子里加点牛奶？"

洛克菲勒吃了一惊，安莫洛太太急中生智，她幽默地说："哦，我的意思是说，牛奶已经煮好了，而且香味扑鼻，你此时一定想好好地喝一杯牛奶吧！"

洛克菲勒笑了。

当我们失言时，巧妙地幽默一下，可以摆脱这种令人尴尬的境地，并让对方从幽默中感受到你的真诚与热情。

幽默具有含蓄委婉的特点，它较之直言不讳的表达更容易让人接受。在失言时，学会利用幽默的语言灵活地补救，一定会得到他人的谅解和宽容，避免在他人心中留下不良印象。

有人邀请吉利先生在下一周的某天共进晚餐，吉利只好同意了："好吧，时间就定在下个星期五吧！"

其实吉利并不想赴宴，他转身对他的妻子说："这个人真是叫人麻烦，你一会儿就打电话告诉他，说我下周五没有时间。”

他一转身，发现那个人还没有走，于是急忙说：“因为那天我还得跟这位先生一起共进晚餐呢！”

一个恰到好处的辩解，既能挽回失言，又找到了一个不让他人怀疑的理由，从而让他人感受到你的幽默感。

有个人认错了同学，他说：“哎呀，老同学，你变得太厉害了。原来你是个大胖子，现在你却变成了豆芽菜。我真是做梦都想不到呀，老张！”

对方说：“你认错人了，我不是老张。”

这个人急忙说：“什么，不可能吧，你怎么连自己的姓都给改了呢？”对方大笑。

在人际交往中，难免会遇到类似的尴尬，自然也需要用适当的幽默予以弥补。这样才能避免误会，让友谊之花常开不败，使双方的交往保持顺利。

7. 自嘲能制造和谐氛围

适时适度地自嘲，不失为一种良好修养，一种充满魅力的交际技巧。自嘲，能制造宽松和谐的交谈气氛，能使自己活得轻松洒脱，使人感到你的可爱和人情味，有时还能更有效地维护面子，建立起新的心理平衡。

自嘲能产生以下五大积极效果：

（1）摆脱窘境

在交谈中，当对方有意无意地触犯了你，把你置于尴尬境地时，借助自嘲摆脱窘境，是一种恰当的选择。

当令人难堪的事实已经发生，运用自嘲，能使你的自尊心通过自我排解的方式受到保护，并且，还能体现出你的大度胸怀。

（2）解决难题

广东一家蔬菜公司的副科长到郊区调运鲜菜，卖方想趁机捞一把，索价很高，双方僵持不下。眼看城里市场蔬菜供应严重不足，快要脱销，心急如火的科长却摆出一副泰然自若的样子，充分使用公关艺术中的幽默法来自嘲："其实，你们把我看高了。我不过是个小科长，还是副的，我手里能有多大的决定权？再说，夏天这么热，我花大价钱买一堆烂菜帮子回去，能担当得起亏损的责任吗？"卖主们听了他的这番话，望望酷热的太阳，知道蔬菜多积压一天将腐烂不少，不禁大为泄气，动摇了索要高价的决心。并且，卖主对科长的"苦衷"与"难处"还产生某种同情心，不得不妥协。最后终于降低了菜价，达成了协议，该科长则顺利完成了蔬菜调运任务。

（3）融洽气氛

钢琴家波奇是一位幽默家。有一天他到美国密歇根州福林特城演奏，开场前发现上座率很低，不到五成。他虽然有点失望，但并没有因此影响自己的情绪。为使场内观众不感到空寂，他便走向舞台的脚灯，笑着对观众说："福林特这个城市的人们一定很有钱，因为我看到你们每个人都买了两三个座位的票。"立刻，空荡的剧场被笑声充满了，为他的演奏做了情绪铺垫。

（4）增添情趣

美国文学家欧文年轻时常向人们吹嘘自己是位好猎手，沾沾自喜地谈论自己高明的枪法。一天，他同朋友去打猎，朋友指着河里一只野鸭请他开枪。欧文瞄了一下扣动扳机，但没有打中，野鸭飞走了。朋友感到难为情，他却毫不介意，对朋友说："真怪！我还是第一次看到死鸭子能飞。"这是一句自嘲的话。正是这句话，欧文才为自己解脱了窘境。多么巧妙，多么有趣。

（5）增加人情味

笑自己的长相，或笑自己做得不很漂亮的事情，会使我们变得较有人情味，并给人一种和蔼可亲的感觉。

一次，陈毅到亲戚家过中秋节，进门发现一本好书，便专心读起来，边读边用毛笔批点，主人几次催他去吃饭，见他不去，就把糍粑和糖端来。他边读边吃，竟把糍粑伸到砚台里蘸上墨汁直往嘴里送。亲戚们见了，捧腹大笑。他却说："吃点墨水没关系，我正觉得自己肚子里墨水太少哩！"人们尊敬陈毅，或许和他的这种豁达、幽默的禀性有关系吧！

自嘲是不可多得的灵丹妙药，别的招不灵时，不妨拿自己来开涮，至少自己骂自己是安全的，自嘲一般都不会讨人嫌。

在人前蒙羞、处境尴尬时，用自嘲来对付窘境，不仅容易找到台阶，而且多会产生幽默的效果。所以自我解嘲，是很高明的一种脱身手段。

有个石学士，一次骑驴不慎摔在地上，一般人一定会不知所措，可这位石学士不慌不忙地站起来说："亏我是石学士，要是瓦的，还不摔成碎片？"一句妙语，说得在场的人哈哈大笑，自然这石学士也在笑声中免去了难堪。以此类推，一位胖子摔倒了，可是他说："如果不是这一身肉托着，还不把骨头摔折了？"换成瘦子，可以说"要不是重量轻，这一摔就成了肉饼了！"一位矮个学者的妻子嘲笑丈夫身材太矮，这位学者笑眯眯地说："我看还是矮点好，我如果不是一米五七，现在能够著作等身么？如果不是我身短力小，我们的战斗你能场场取得胜利么？如果不是我矮，你能优越地说我太矮吗？"说毕，全场叫绝。

由此可见，自嘲时要对着自己的某个缺点猛烈开火才容易妙趣横生，但有了这份气度和勇气，别人也不会让你孤独自笑，而多少会陪你笑上几声的。

身在高位者或明星大腕们，与人打交道时会让人感到有架子。可能是因为他们过于紧张、有压力，也可能是这些人还没有摸着与普通人相处的窍门。通常而言，开开自己的玩笑，可以缓解压力，还能让一般人觉得有人情味，和普通老百姓一样，从而会让人心里舒坦。

此类例子多得很，一些相声演员、笑星或节目主持人常以此赢得观众的好评。

力求个性化、形象性并学会适当的自嘲，可以使自己说话变得有趣起来。幽默力量能认同幽默的事物。因此智者会笑自己，也鼓励别人和他一起笑。只要你用心，你也能做到！

凡幽默之人往往不会处处与人为难，时时跟他人过不去，更不会无事生非。他总是遇事退避三舍，即使受到不公平的待遇或遭到令常人难以忍受的冤屈，也不会怨恨得咬牙切齿，愤怒得破口大骂。但是，他也不是窝囊废，他会以他独有的宽容的方式作出反应，也许带一点嘲讽，当然更少不了自嘲。这样，他便成了更高层次上的胜利者。

古希腊哲学家苏格拉底的妻子是个暴脾气，常对他发火，而苏格拉底总是对旁人自嘲道："讨这样的老婆好处很多，可以锻炼我的耐力，加深我的修养。"一次，老婆又发起脾气来，大吵大闹，很长时间还不肯罢休，苏格拉底只好退避三舍。他刚走出家门，那位怒气难平的夫人突然从楼上倒下一大盆水，把他浇得像只落汤鸡。这时，苏格拉底打了个寒战，不慌不忙地说："我早就知道，响雷过后必有大雨，果然不出我所料。"

显然，苏格拉底有些无可奈何，但他带有自嘲意味的讥讽，使他从窘境中超脱出来，显示了极深的生活修养。

幽默一直被人们称为是只有聪明人才能驾驭的语言艺术，而自嘲又被称为幽默的最高境界。由此可见，能自嘲的人必须是智者中的智者、高手中的高手。自嘲是缺乏自信者不敢使用的技术，因为它要你自己骂自己，也就是要拿自身的失误、不足甚至生理缺陷来“开涮”，对丑处、羞处不予遮掩、躲避，反而把它放大、夸张、剖析，然后巧妙地引申发挥，自圆其说，博得一笑。没有豁达、乐观、超脱、调侃的心态和胸怀，是无法做到这一点的。可想而知，自以为是、斤斤计较、尖酸刻薄的人难以说好自嘲的话。自嘲谁也不伤害，最为安全。你可用它来活跃谈话气氛，消除紧张；在尴尬中自找台阶，保住面子；在公共场合获得人情味；在特别情形下含沙射影，可以刺一刺无理取闹的小人。

第三章 态度诚恳，表达得体

——批评的艺术

每个人都会犯错，犯错就该受到批评，但不是所有的批评都能达到预期的效果。批评是让人认识到自己的错误并加以改正，而不是抓住错误进行痛击。所以，批评要态度诚恳，表达得体，保全对方的颜面。俗话说得好：“人要脸，树要皮。”在批评教育时一定要注意维护他人的尊严，这样才能达到想要的效果。

1. 批评要讲究艺术

指责别人而不顾对方的看法，就是把你的意见强加到别人身上。这样谈话建立的基础就非常不平等，自然对方不会服你。要想使批评真正发挥作用，就应先了解一下别人是怎么想的，让对方讲述自己的看法。

如果你不同意他的看法，你也许会很想打断他的讲话。但不要那样，那样做很危险。当他有许多话急着说出来的时候，他是不会理你的。因此你要耐心地听着，抱着一种开放的心胸，要做得诚恳，让他充分地说出他的看法。

尽量让对方讲话，不但有助于处理商务方面的事情，也有助于处理家庭里发生的矛盾。

芭贝拉·魏尔生和她女儿洛瑞的关系快速地恶化下去，洛瑞过去是一个很乖、很快乐的小孩，但是到了十几岁却变得很不合作，有的时候，甚至于喜欢争辩不已。魏尔生太太曾经教训过她，恐吓过她，还处罚过她，但是一切都收不到效果。

一天，魏尔生太太放弃了一切努力。洛瑞不听她的话，家事还没有做完就离家去看她的女朋友。

在女儿回来的时候，魏尔生太太本来想对她大吼一番。但是她已经没有发脾气的力气了。魏尔生太太只是看着女儿并且伤心地说："洛瑞，为什么会这样？"

洛瑞看出妈妈的心情，用平静的语气问魏尔生太太：“你真的要知道？”

魏尔生太太点点头，于是洛瑞就告诉了妈妈自己的想法。开始还有点吞吞吐吐，后来就毫无保留地说出了一切情形。

魏尔生太太从来没有听过女儿的心里话，她总是告诉女儿该做这、该做那。当女儿要把自己的想法、感觉、看法告诉她的时候，她总是打断她的话，而给女儿更多的命令。

魏尔生太太开始认识到，女儿需要的不是一个忙碌的母亲，而是一个密友，让她把成长所带给她的苦闷和混乱发泄出来。过去自己应该听的时候，却只是讲，自己从来都没有听她说话。

从那次以后，魏尔生太太想批评女儿的时候，就总是先让女儿尽量地说，让女儿把她心里的事都告诉自己。她们之间的关系大为改善。不需要更多的批评，女儿再度成为一个很合作的人。

使对方多多说话，试着去了解别人，从他的观点来看待事情，就能使你得到友谊，减少摩擦和困难。

记着，别人也许完全错误，但他并不认为如此。因此，不要责备他，试着去了解他，只有聪明包容、特别的人才会这么做。

别人之所以那么想，一定存在着某种原因。查出那个隐藏的原因，你就等于拥有了解答他的行为，也许是他的个性的钥匙。

试着忠实地使自己置身于他的处境。如果你对自己说：

"如果我处在他的情况下，我会有什么感觉，有什么反应？"那你就会节省不少时间及苦恼。

奥斯特洛夫斯基说过："批评，这是正常的血液循环，没有它就不免有停滞和生病的现象。"我们每一个人都不是生活在真空里，就像我们身上要沾染许多病菌一样，在我们的思想意识和言谈行为上，也会不可避免地出现一些缺点、错误，积极开展批评，才能使我们保持身心健康。但是，在开展批评时，一定要讲究方式、方法，这里也有艺术性。否则难以达到预期效果。

那么，采取什么样的批评方式才会取得好的效果呢？

（1）体谅对方的情绪，取得对方的信任

这是使批评达到预期效果的第一步。"心直口快"作为人的一种性格来说，在某些方面的确可体现出它的优点，但在批评他人时，"心直口快"者往往不能体谅对方的情绪，图一时"嘴快"，随口而出，过后又把说过的话忘了，而在被批评者的心理上却蒙上了一层阴影，也失去了对批评者的信任。所以当你在批评他人时，不妨学会从别人的角度来看问题，设身处地地站在对方的立场考虑一下，自己是否能接受得了这种批评。如果所批评的话自己听来都有些生硬，有些愤愤不平，那么就该检讨一下措辞方面有何要修改之处。

另外，也要考虑场合问题。不注意场合的批评，任何人都不会接受的。

（2）诚恳而友好的态度

批评是一个敏感的话题，哪怕是轻微的批评，都不会像赞扬那样使人感到舒畅，而且，批评对象总是用挑剔或敌对的态度来对待批评者。所以，如果批评者态度不诚恳，或居高临下，冷峻生硬，反而会引发矛盾，产生对立情绪，使批评陷入僵局。

因此，批评必须注意态度，诚恳而友好的态度就像一剂润滑剂，往往能使摩擦减少，从而使批评达到预期效果。

（3）用含蓄的批评来激励对方

英国18世纪著名评论家约瑟·亚迪森曾说："真正懂得批评的人看重的是'正'，而不是'误'。"这里所说的"正"，实际上就是隐恶扬善，从正面来加以鼓励，也就是一种含蓄的批评，能使批评对象不自觉地改正自己的错误和缺点。可以说从正面鼓励对方改正缺点、错误的间接批评方法，比直接批评效果会更快、更好。因为这种批评方法易于被对方所接受，从而产生良好的效果。

缺点每个人都有，只有认识到自己的缺点才有可能进步。自己认识不到就得靠别人来帮助，这就是批评的价值所在。所以，批评人就像被批评一样，让对方认识到批评的价值才不会使批评走向误区。

2. 选择不同的批评方式

说话要灵活，批评和训诫当然也要灵活，适度的批评能达到批评的最好效果。批评也要看对方的性情如何，因人、因事、因时而异，选择不同的批评方式。

（1）批评要因人而异

不同的人由于经历、文化程度、性格特征、年龄等的不同，接受批评的方式和承受能力也有很大的区别。这就要求人们要根据不同批评对象的不同特点，采取不同的批评方式。

不同的人对于同一种批评，会有不同的心理反应。因为不同的人，性格与修养都是有区别的。

根据人们受到批评时的不同反应，可以将人分为迟钝型反应者、敏感型反应者、理智型反应者和强个性型反应者。反应迟钝的人即使受到批评也满不在乎；反应敏感的人，感情脆弱，脸皮薄，爱面子，受到斥责则难以承受，他们会脸色苍白，神志恍惚，甚至会从此一蹶不振，意志消沉；具有理智的人在受到批评时会感到有很大的震动，能坦率认错，从中吸取教训；具有较强个性的人，自尊心强，个性突出，“老虎屁股摸不得”，遇事好冲动，心胸狭窄，自我保护意识强，心理承受能力差，明知有错，也死要面子，受不了当面批评。

针对不同特点的人要采用不同的批评方式，对自觉性较高者，应采用启发式自我批评法；对于思想比较敏感的人，要采用暗喻批评法；对于性格耿直的人，采取直接批评法；对问题严重、影响较大的人，应采取公开批评法；对思想麻痹的人应采用警示性批评法。在进行批评时忌讳方法单一，生搬硬套，应灵活掌握批评的方法。

正确的批评要求细致周到，恰如其分，普遍性的问题可以当面进行批评，对于个别现象就应个别进行。另外，也可以事先与之谈话，帮他提高认识，启发他进行自我对照，使他产生“矛头不集中于‘我’”的感觉，主动在“大环境”中认错。另外，还要避免粗暴批评。

对下属的粗暴批评不会产生很好的效果。员工听到的只是恶劣言语，而不是批评的内容。他们的心中充满了不服和哀怨。这就使其产生逆反心理而不利于问题的解决。

要学会运用“胡萝卜加大棒”的策略，防止只知批评不知表扬的错误做法。在批评时运用表扬，可以缓和批评中的紧张气氛。可以先表扬后批评，也可先批评后表扬。

批评还要注意含蓄，借用委婉、隐蔽、暗喻的策略方式，由此及彼，用弦外之音，巧妙表达本意，揭示批评内容，引人思而领悟。万万不可直截了当地说出批评意见，开门见山点出对方要害。

在批评时，可以运用多种方法。如：

通过列举分析历史人物是非，衬托其错误；

通过列举和分析现实中的人物的是非，暗喻其错误；

通过分析正确的事物，比较其错误；

还可采用故事暗示法，用生动的形象增强对他的感染力；

笑话暗示法，通过一个笑话，使他认识错误，既有幽默感，又使他不至感到尴尬；

轶闻暗示法，通过轶闻趣事，使他听批评时，受到点影射，也易于接受。

总之，通过提供多角度、多内容的比较，使人反思领悟，从而自觉愉快地接受批评，改正错误。

对于十分敏感的人，批评可采取不露锋芒法，即先承认自己有错，再批评他的缺点。态度要谦虚，谦虚的态度可以使对方的抵触情绪很容易消除，使他乐于接受批评。例如，可以对人这样批评："这件事，你办得不对，以后要注意了。不过我年轻时也不行，经验少，也出过很多问题，你比我那时强多了。"

有时一些问题一时未搞清，涉及面大或被批评者尚能知理明悟，则批评更要委婉含蓄。先表明自己的态度，让下属从模糊的语言中发现自己的错误。但是，也不能一概而论，对严重的错误，应当严厉批评。另外对于执迷不悟者和经常犯错误者，都应作例外处理。要么是他们改正错误，要么是你不用他们。

（2）选择适宜的时机

①批评需要一定的前提。首先批评和接受批评的双方应该以足够的信任为基础，如果无法取得对方的信赖，即使所持的见解确实言之有物，见解精辟，却依然无法令对方折服。其次，批评者必须有纯正的动机和建设性的意见，在进言之前先要确定自己的言行有助于对方，而且确能发挥实际效用。有许多批评，经常以“我只是想帮助你”为由，事实上却为了一己之私。第三，你和被批评的对象之间有足够的关系，构成批评的理由，而你又有足够的时间分析自己的看法。

真理并不是任何人所能垄断或独占的，当我们观察别人时，总免不了以个人有限的经验和一己的需求作衡量尺度，难免失之偏颇，最好的办法就是在提出批评之前，先请教第三方，使你的言论更能切合实际，合乎客观。

②时机必须适当。当一个人心平气和较能以客观立场发言时，就是谈话的适当时机。假若你心中充满不平，随时可能大发脾气，那么最好先让自己冷静下来，因为过分情绪化的表现，不仅无济于事，反而有害。

掌握事情发生的时效，在人们记忆犹新之时提出批评。假如你在事情发生几个月以后才提出来，这时人们的记忆已经模糊，你的批评反容易使对方留下偏颇不公的印象。

除了个人的心理状况外，也要把对方的心理状况考虑在内。你应该在对方事先已有心理准备，并且愿意聆听的情况下，提出批评。假若对方情绪低落，那么就等到他恢复冷静时再说出你的看法，假若对方向你寻求帮助时，你也应该尽可能把事实告诉他。

（3）用词要恰当

“你是骗子”“你太没有信用”，这样的话，除了刺伤对方和使自己恼怒之外，没有别的好处。批评对方只要评论事实即可，即使是对方没有信用也不能如此当面斥责。此外，千万不要否定部属的将来。“你这人以后不会有多大出息”，“你这样做没有人敢用你”，“你实在不行”。领导是不该说出这样的话的。要以事实为根据，就事说事，就部下目前情形而论，不要否定部属的将来。

避免做人身攻击，例如开门见山地说：“你工作不力。”这类批评容易引起对方的不满，甚至导致冲突；妥当的方法是举出具体的事实说：“你的报告，比预计的进度慢了两天。”

3. 适可而止，见好就收

一般来说，批评要适可而止，没有必要非置对方于死地。因为我们批评人的目的是为了救人，为了帮助人。一个人犯了错误，我们对这个错误的某一点提醒一下就行了，再翻来覆去地批评就没有必要了。将过去的错误多次批评，总是纠缠不休，不仅于事无补，而且也显得有些愚蠢。

心理学研究表明，一种批评如果反复进行，就会失去作用。有的人在批评人时，总觉得自己占了理，批评个没完没了。其实这是低下的批评方法。有经验的人在批评他人时，总会点到为止。批评他人时，每次只提及一两点，切勿新账旧账全拉出来，让人难以招架。批评的话一经点明，对方已经明白并表示考虑或有诚意接受，就不必再说下去了。如果只图“嘴巴过瘾”，说个没完没了，就可能得到相反的效果。

一名车间工人，因为工作中的失误，受到了通报批评的处分。后来，他和一名同事吵了一架，于是车间主任找他谈话，对他进行批评，可是刚谈了几句话，就宣告谈话失败。

车间主任一见面就对这位工人说：“你对同事大打出手，可真够厉害的啊，胆子可真大！”

工人意识到自己的错误，并为此而感到悔意，但有些词穷：“我……”

车间主任打断他的话：“你怎样，上次那个通报你还记得记不得？”工人一听到这里就火了：“那你就再给我一个通报吧！一个我抱着，两个我背着！这总行了吧！”然后头也不回地摔门而出。车间主任：“你……”

批评不是存款，时间越长利息越多，总是翻旧账唠叨个没完于做事没有任何帮助，批评别人宜“就事论事”，不要新账旧账一起算。在交谈结束后再加上几句勉励的话，就会让被批评者认识到自己的错误，也会让这次失败成为有益的经历，从而振奋精神，更加努力，避免再次出现错误。

况且“话说三遍淡如凉水”。对于一个已知的错误，一次提醒就够了，一而再再而三地提起完全是没有必要的，还有可能会引起别人的反感。而且说得多了，别人就会认为你对他抱有成见或者别有用心。

在点到为止这一点上，著名教育家陶行知先生为我们做出了榜样。一次一位女同学在交上来的考卷中做了小动作，她以为老师发现不了，就想瞒天过海地占点小便宜，却被陶先生看出了问题，但陶先生并没有对此说什么，只是在那个小动作上重重地画了一个圈。女学生明白了老师的意思，惭愧不已。多年以后，当那位已成才的女同学再和陶先生相见时说："从那件事以后，我才决心用功学习，才决心做一个诚实的人。"

陶先生的"点到为止"，表面上简单从容，实际上却告诉了女学生"我已经知道了你的小动作"。同时也暗示女学生"要改正你的错误，并且努力做一个诚实的人"。这样一来既没有伤害到对方，同时也达到了帮助他人纠正错误的效果。

所以，批评语点到对方明白就好，毕竟你的目的已经达到，如果你不懂得见好就收，则会适得其反。

4. 批评前先赞美对方

美国著名演讲家戴尔·卡耐基说："矫正对方错误的第一方法是批评前先赞美对方。"批评前先赞美，能化解被批评者的对立情绪，使其乐于接受批评，达到预想效果。

是的，面对批评和赞美，我们近乎本能地拒绝前者而喜欢后者，因为人类最深层的本性就是渴望得到别人的重视。听到批评心里自然会感到难过，也会有意无意地以种种方式来拒绝、逃避批评。其实这不仅仅是因为批评者缺乏语言表达能力，更重要的是批评和赞美本身会使人产生两种相反的心理。

但在我们传统的理念中，批评是以批为主，主要是针对问题和缺点，加以直接或间接的揭露和评判，并在批评中指出症结，点明错误，教给方法，督促整改。其实，给批评穿上赞美的外衣，对纠正一个人的错误会更有效。因为这样做，既不会损伤一个人的尊严和自尊心，也给他人保留了脸面。

布诺亲王就深切地感觉到运用这种方法的重要。当时，德皇威廉二世在位，他目空一切，高傲自大。他建设陆、海军，欲与全世界为敌。于是，一件惊人的事情发生了！德皇说了许多令人难以置信的话，震撼了整个欧洲，甚至影响到全世界。最糟糕的是，德皇还将这些可笑、自傲、荒谬的言论在到英国做客时当众发表出来，并允许《每日电讯》照原意在报上公开发表。

比如，他说他是唯一一个对英国友善的德国人；他正在组建海军想对付日本；凭借他的力量，完全能使英国不屈辱于法、俄两国的威胁之下；由于他的计划，英国诺伯特爵士才能在南非战胜荷兰人。

在当时的和平时期，欧洲没有一位国王会说出这样的话。从那时起，欧洲各国顿时哗然。英国人非常愤怒，而德国的那些政客们更是为之震惊不已。

事后，德皇也意识到了事态的严重，为了解脱自己，他只能请布诺亲王代他受过，宣称一切都是他的责任，是他建议德皇说出那些话来的。

可是，布诺亲王却当即反驳说，德国人或英国人不会相信这是布诺亲王的主意。布诺亲王说出这话后，马上意识到自己犯了一个严重的错误。果然，如他所想，他激怒了德皇。德皇认为布诺亲王在辱骂他。

布诺亲王明白应先称赞，然后再指出他的错误，可是为时已晚。没办法，他只好做第二步努力：在批评后，再加以赞美。结果，奇迹立刻出现了。

布诺亲王开始夸奖德皇，说他知识渊博，远比自己聪明，德皇脸上慢慢地露出笑容。布诺亲王抬高了德皇，贬低了自己。经布诺解释后，德皇宽恕了他、原谅了他。最后，德皇只好自己去收场。

我们都知道，赞美能让人谦虚，又能建立友善的气氛。在批评别人前，应先提及别人的优点，对他赞美一番，这会让人感到轻松愉快，消除刺激和敌意，使后面的批评更易于被接受。

心理学研究发现，在错误已知的情况下，再针对错误进行重复式批评，并不会起到好的教育效果，反而会使犯错者要么产生逆反心理，对错误不以为然，我行我素；要么产生自卑心理，对未来失去信心，自暴自弃。其实，每一个人都会犯错误，但犯错并不是有心，做好才是每个人的追求。如果我们给批评穿上赞美的外衣，就会对纠正一个人的错误很有效，因为你用赞美表明了你的真诚，同时也打开了对方的心扉。

5. 委婉的批评更有说服力

有许多时候，我们往往会遇到不便直言之事，只好用隐约闪烁之词来暗示。

一位顾客坐在一家高级餐馆的桌旁，把餐巾系在脖子上。这种不文雅的举动很是让其他顾客反感。经理叫来一位侍者说：“你让这位绅士懂得，在我们餐馆里，那样做是不允许的。但话要说得尽量含蓄。”

怎么办呢？既要不得罪顾客，又要提醒他。侍者想了想，走过去很有礼貌地问了那位顾客一句话，说：“先生，你是刮胡子呢，还是理发？”话音刚落，那位顾客立即意识到自己的失礼，赶快取下了餐巾。

侍者没有直接指出客人有失体统之处，而是拐弯抹角地问了两件与餐馆毫不相干的事。表面看来，似乎是侍者问错，但实际上正是通过这种风马牛不相及的事情来提醒这位顾客，即使顾客意识到自己的失礼之处，又做到礼貌周到，不伤面子。这就是委婉的妙用。

说话直言不讳是许多人所推崇的，但是生活中，并非处处都能直说，有时非得含蓄、委婉一些，才能使表达效果更佳。直道跑好马，曲径可通幽，各有各的妙处。

一辆电车上人很多，而这时又上来一位抱小孩的妇女。于是售票员对乘客说：“哪位同志给这位抱小孩的女同志让个座？”但没想到她连喊两次，无人响应。售票员站起来，用期待的目光看了看靠在窗口处的几位青年乘客，提高嗓音：“抱小孩的女同志，请您往里走，靠窗口坐的几位小伙子都想给您让座儿，可就是没看见您。”话音刚落，“呼啦”一声，几位小伙子都不约而同地站了起来让座。这位女同志坐下之后，只顾喘气定神，忘记对让座的小伙子道谢，小青年面有冷色。售票员看在眼里，心里明白，她忙中偷闲，逗着小孩说："小朋友，叔叔给你让个座儿，你还不谢谢叔叔。"一语提醒了那位妇女，连忙拉着孩子说："快，谢谢叔叔。"那位小青年听到小孩道谢时，脸色由冷变喜，连声说："不客气了。"

生活中，要理解人们的合理需要，爱护人的自尊心，只有这样才能把话说到别人心坎里去。如果不能根据交际对象的心理，选择恰当的语言形式，话一出口先挫伤他人的自尊心，必然引起对方的不快，甚至争吵。试想，售票员请人让座时说："那么大小伙子一点也不自觉。"在劝女同志道谢时说："别人给你让座，你也不知道说个谢谢？"后果会如何呢？

批评是一种艺术，批评别人而要使其口服心服，就要讲究窍门，下面谈谈一些可行的批评的办法。

（1）请教式批评

有一个人在一处禁捕的水库网鱼。远处走来一位警察，捕鱼者心想这下糟了。警察走来后，出乎意料，不仅没有大声训斥，反而和气地说："先生，你在此洗网，下游的河水岂不被污染了？"这番话令捕鱼者十分感动，连忙道歉。

（2）暗示式批评

某单位工人小王要结婚了，工会主任问他："小王，你们的婚礼准备怎么办呢？"

小王不好意思地说："依我的意见，简单点，可是丈母娘说，她就只有这个独生女……"主任说："哦，咱们单位还有小李、小张都是独生女。"这段话双方都用了隐语。小王的意思是婚礼是不得不办。而主任则暗示：别人也是独生女，但能新事新办。

（3）模糊式批评

某单位为整顿劳动纪律，召开员工大会，会上领导说："最近一段时间，我们单位的纪律总的是好的，但也有个别同志表现较差，有的迟到早退，上班吹牛谈天……"这里，用了不少模糊语言："最近一段时间""总的""个别""有的""也有的"等。这样既照顾了面子，又指出了问题。它没有指名，并且说话又具有某种弹性。通常这种说法比直接点名批评效果更好。

（4）安慰式批评

年轻的莫泊桑向著名作家布耶和福楼拜请教诗歌创作。两位大师一边听莫泊桑朗读诗作，一边喝香槟酒。布耶听完说："你这首诗，句子虽然疙里疙瘩，像块牛蹄筋，不过我读过比这还坏的诗。这首诗就像这杯香槟酒，勉强还能喝下。"这个批评虽严厉，但有余地，给了对方一些安慰。

（5）渐进式批评

渐进式批评就是逐渐输出批评信息，有层次地进行批评。这样可以使被批评者对批评逐渐适应，逐步接受，不至于一下子"谈崩"，或因受批评背上沉重的思想包袱。

（6）委婉式批评

委婉式批评又叫间接式批评。它一般都采用借彼批此的方法声东击西，让被批评者有一个思考的余地。其特点是含蓄蕴藉，不伤被批评者的自尊心。

（7）指出错时也指明对

大多数的批评者，往往是把重点放在指出对方"错"的地方，但却不能清楚指明"对"应怎么做。有的人批评人家说："你非这样不可吗？"这是一句废话。因为没有实际内容，只是纯粹表示个人不满意。又如一位丈夫埋怨妻子说："家里一团糟，又有客人要来，你怎么只管坐在那儿化妆？"这种话也不会起作用，他只说了一半。

（8）别忘了用"我"字

一位女工对其工友说："你这套时装，过时了，真难看。"这只能是主观意见，他人未见得有同感。正确的表达方式，应当说明是你个人自己的看法，仅供参考。这样，人家比较能听得入耳，甚至有兴趣了解一下你为什么有此看法。

（9）克制"我"的情绪

在批评之前你首先要观察自己，你觉得自己的心情紧张吗？对对方心存不满吗？把你的感受——愤怒、埋怨、责怪、嫉妒等先清理一下是有好处的。

有经验的批评家认为，未开口批评人家之前，先检讨一下自己所持的是什么态度，是积极还是消极？情绪不好是很难掩饰的，而这种情绪有极强的传染力。一旦对方感觉到这一点，立刻会激起同样的情绪，立即会抛开你的批评内容，计较起态度，这种互为影响的情绪会把批评带入僵局。因此智者不可不虑。

事实上，每个人都不愿接受批评。批评毕竟是件令人都排拒的事，但只要讲点语言口才技巧，每个人也都乐意接受批评。

6. 批评要学会变"害"为"利"

如果你希望你的批评可以取得良好的效果，就要在方法上下功夫。一个人犯错后，最难以接受的就是大家的群起攻之，这样势必会伤害他的自尊心。怎样批评，实际是一种说服的技巧，是一门沟通的艺术。批评的目的意在打动对方，使得对方能认识到自己的错误，回到正确的轨道上，而不是贬低对方，即使你的动机是好的，是真心诚意的，也要注意方式和场合等问题。

良药苦口利于病，但在现实生活中，扶正匡谬的批评的确不如良药那样为人所乐于接受，甚至成了难以下咽的“苦药”。批评得好，人家接受；反之，麻烦缠身，成了“不受欢迎的人”。因此，批评要学会变“害”为“利”，使“硬接触”变成“软着陆”，即在“苦药”上抹点糖，看似失去了锋芒，但却药性不减。

王东进公司不到两年就坐上了部门经理的位置，但是有个别下属不服他，有的甚至公开和他作对，钱诚就是其中的一位。自从王东做了部门经理之后，钱诚经常迟到，一周五天，他甚至四天都迟到。按公司规定，迟到半小时就按旷工一天算，是要扣工资的。问题是，钱诚每次迟到都在半小时之内，所以无法按公司的规定进行处罚。王东知道自己必须采取办法制止钱诚这种行为，但又不能让矛盾加深。

王东把钱诚叫到办公室。“你最近总是来得比较迟，是不是有什么困难？”“没有啊，堵车又不是我能控制的事情，再说我并没有违反公司的规定呀！”“我没别的意思，你不要多心。”王东明显感觉到了对方的敌意。“如果经理没什么事，我就出去做事了。”“等等，钱诚你家住在体育馆附近吧？”“是啊。”钱诚疑惑地看着对方。

“那正好，我家也在那个方向，以后你早上在体育馆东门等我，我开车上班可以顺便带你一起来公司。”没想到王东说的是这事，钱诚反而有些不好意思，喃喃地说:“不，不用了……你是经理，这样做不太合适。”“没关系，我们是同事啊，帮这个忙是应该的。”王东的话让钱诚脸上突然觉得发烧，人家王东虽然当了经理，还能平等地看待自己，而自己这种消极的行为，实在是不应该。事后，钱诚虽然还是谢绝了王东的好意，但他此后再也不迟到了。

批评和骂人不同，它们之间有着本质的区别，骂人是气急败坏的表现，是无赖的表现，这不需要多大水平。只是，骂人的行为除了让被骂者受伤，或者被别人耻笑之外，没有多少意义。而批评不同，批评的过程是批评者站在一个公正的立场，站在一定的高度，通过摆事实、讲道理来对人与事进行的一场论证过程，它应该有着严谨有力的逻辑。因此，我们是万万不可把骂人的行为扯进批评的范畴内。

批评别人，就要给别人服气的理由。我们作为批评者，就首先要加强自己本身的文化修养，对批评的人和事情，要有自己独到的眼光和见解，要公正地看待问题，而不能根据党同伐异的态度去行事。在批评的过程中，我们要保持自己个人的意识形态，有自己的鉴别能力。然后，通过自己对问题的看法，真诚地向批评对象提出自己的意见，并指明他应该去努力的方向。只要我们的见解是正确的，意见是真诚的，态度是诚恳的，别人又怎会不接受批评呢?

批评，顾名思义既要批也要评。批是批判，评是评价，当然也可以解释为好评。不管怎样，不能光批不评。

在批评的过程中，我们决不可以只批评不表扬。因为不管是人还是事，毕竟都还是有一点优点的。但这么说，也绝不是鼓励大家在批评别人的时候先来一段表扬，在表扬以后再来一个“但是”“但是”的后面加上一串的批评。这样的批评只能让别人觉得我们虚假。就比如我们是老师，我们要批评学生的懒惰行为，我们可以这样来批评：你很聪明，请以后勤奋点。而不要这么说：你很聪明，但是你很懒惰。这两种批评方式看着没多大区别，但前一种批评方法已经在表扬中提出了自己对学生的要求，而后一种效果和第一种相比如何，大家肯定是心中有数的了。

金无足赤，人无完人。只要是人，就可能犯错误。其实，任何有上进心的人都不愿意犯错，要批评一个人的错误时，最好让对方感觉到自己的错误。你的目的也是为了要帮助对方，而不是为了贬低对方的品格。因此，批评以适可而止、给对方留有余地的方式为好，会让对方感谢你的宽容。

7. 批评他人一定要“悠着点”

常言道：“忠言逆耳，良药苦口。”对于被批评者而言，即使你的批评再过中肯，无疑也会使其自尊心大大受挫，往往导致被批评者反感甚至无名火起。因此，在批评他人时，首先应该态度温和，尽量在不伤害对方自尊心的前提下做出适当的批评。否则，只会让对方难以接受，得不偿失。

有一个外地小伙子初次到北京，手里拿着地图就上了公共汽车，问售票员某地怎么走。售票员说："坐反了！手里拿着地图还坐错车，真是的！"小伙子脾气很好，没有搭话，想着到下一站下车再换车。

可坐在小伙子旁边的一位大爷看不过去了，便对小伙子说："你到下一站换乘某某路车也可以到达。"这句话真地道，一方面挽回了北京人的面子，另一方面又安慰了小伙子。话说到这也算是有了个完美结局，可是偏偏这位大爷又加了一句："现在的年轻人啊，真是越来越不像话了。"听到大爷这么一说，坐在前面的一位染着金黄色头发的姑娘却不乐意了，于是接着说道："大爷，您别打击一大片啊！"说完又在后面加了一句："这么大岁数的人了，满肚子坏水，真是的！"话是不怎么招人喜欢，如果没人再站出来说话，事情也就到此结束。可爱打抱不平的人很多，恰巧边上一位中年妇女就是，这不，说话了："哎，年轻人不应该这样对老人说话，多不文明啊，应该尊重老人嘛！"这话说得多在理啊，让人听着也舒心，可是这位大姐觉得不过瘾，后面又接着说了一句："看你这样，头发染得黄黄的，跟鸡似的，估计你爸妈也管不了。"这下车上可热闹了。

小伙子觉得很不好意思，一切都是自己引起的，自己得出来说几句："大家都别吵了，都是我的错。"这么一说大伙都安静了，可是小伙子叹了一口气又补了一句："早知道北京人都这样没意思，打死我也不来了。"小伙子话音刚落，车上的北京人开始一致对外，说小伙子的不是。

说批评话要注意分寸，如果有必要指责其态度时，只要针对他的恶劣态度加以批评，那就能收到比较好的效果。如果为了自己心里过瘾，再多加上一句多余的话，那么就会引起别人极大的反感，当然了，这么一来，口舌之争是免不了的，拳脚相加也是不无可能的事。为此，我们在批评他人时，一定要悠着点，特别是以下几点一定要注意避免：

（1）无凭无据，捕风捉影

批评的前提是事实清楚、责任分明、有理有据。但是，在现实中常常见到有的领导批评他人时，事先不调查、不了解，只凭一些道听途说，或者只凭某个人打的“小报告”，就信以为真，就去胡乱批评人，结果给人留下“蓄意整人”的坏印象。

（2）大发雷霆，恶语伤人

人人都有自尊心，即使犯了错误的人也是如此。批评时要顾及人的自尊心，切不可随便加以伤害。因此，批评人时应当心平气和，春风化雨。不要横眉怒目，以为这样才能显示批评者的威风。实际上，这样做最容易伤害对方的自尊心，导致矛盾的激化。因此，批评人应力戒发怒。当你怒火正盛时，最好先别批评人，待心情平静下来后再去批评。

切忌讽刺、挖苦、恶语伤人。下级虽有过错，但在人格上与上级完全平等，不能随意贬低甚至污辱对方。

（3）喋喋不休，没完没了

批评并不是让你说个没完没了，也不是说得多才能达到纠正他人错误的目的，很多时候说得多反而抓不住问题的实质，也不易让人接受。相反，能够一针见血地指出错误实质便可让人心悦诚服。

批评的目的只是为了让对方明白错误并加以改正，并不是让我们把错误延伸。

第四章

用语精练，立场分明

——辩论的艺术

辩论是一个对抗的过程。唇枪舌剑之中，情况瞬息万变，留给你思考的时间少之又少，往往使参辩双方针锋相对，僵持不下。而巧言擅辩能突破僵局，另辟蹊径，变逆为顺。练好辩论口才会让自己的话具有充分的说服力，让对方无可反驳，甘心接受。

1. 精练的语言更有力量

辩论的语言的巧妙，是指辩论不是平淡地申明或反驳，而是选取比较新颖的角度进行答辩。

如1986年亚洲大学生辩论赛上，在A队大学生同B队大学生争夺第一名的比赛中，B队大学生的论题是“发展旅游事业好”，问A队大学生是否赞同。若直接赞成或反对，都不能取胜。因为，如果赞同就意味着认输，而硬说“发展旅游事业不好”，反对的理由不充足，容易被认为是诡辩。A队大学生选择了一个取得最佳效果的角度：“如果不分时间、环境，盲目地发展旅游事业则是有害的。”A队大学生出奇制胜，巧妙地击败了B队大学生。

一位哲人曾说过这样一句话：雄辩是熊熊烈火燃烧的逻辑。辩论中强调逻辑严密，不仅要求做到对自己观点的阐述具有条理性，更重要的是运用逻辑武器，进攻对方的立论、论据、论证，揭其荒谬、避其锋芒、挫其锐气、扬己命题，充分展示语言的雄辩性。

辩论语的这一特征是通过灵活运用形式逻辑和辩证逻辑原理、方法体现出来的。具体来说是通过设计逻辑框架、填充理论事实，使辩论过程形成一个攻防自如的有机整体。但在辩论过程中，由于有时命题立场对己不利，或材料准备不足，又或对方故设逻辑难题，靠正常逻辑思维方法难以达到对己有利的目的，因而不得不采取必要的辩论逻辑方法即“诡辩的逻辑”摆脱语言困境。

通过转移话题、答非所问的方式绕过其不怀好意的诘难。灵活地运用逻辑方法是体现辩论逻辑严密性的关键。

辩论的用语要精练，辩论者必须用简短明快的语言击中对方的要害，甚至达到“一语中的”的程度。辩论择词应力求简短、犀利，因为任何一方的辩论时间都是与对方的思考时间成正比的。也就是说，一方的辩论时间越短，对方考虑辩驳的时间也就越少，给对方造成的困难也就越大。倘若一方语言冗长，必然留给对方更多的回旋余地，使对方获得充分的思考时间，并较容易抓到突破口而获胜。这是决定辩论成败的一个重要方面。

辩论是双方针锋相对的较量，主要目的是造成“你错我对”的结果，从而战胜或者说服对方。由于观点的对立，辩论者的语言必然表现为冲突的形式，而其冲突性又具体体现在语言的攻击性上。

辩论者语言攻击的目标，一般是对方的观点（论点、论据和论证方式），但有时也可以是对方的品行或人格。攻击对方的品行或人格最终也体现了观点的对立。

例如：

社会上总有那么一些人以别人的外表特征或某些缺陷为取笑材料，并由此构成了语言冲突。

俄国寓言作家克雷洛夫皮肤黝黑，却又喜欢穿黑衣服。有一次他身着黑色长袍外出散步，遇到两个浪荡公子，其中一个指着他，大声对同伴说：“看，飘来一朵乌云。”克雷洛夫应声答道：“哦，怪不得青蛙高兴得叫了！”

从上例可看出，语言的攻击性是比较明显的，但攻击的目标并不直接是观点，而是对方的外表和人格。

辩论中语言的攻击性因辩论主体、辩论内容、辩论目的、辩论环境不同而不同，有的攻势凶猛，咄咄逼人；有的柔中有刚，绵里藏针；有的措辞激烈，力抵千钧；有的生性脆弱，不痛不痒。但不管怎样，凡有辩论就有语言交锋，就必然体现出不同程度的攻击性，哪怕这种攻击的力量是极其微弱的。

2. 关键时候敢说“硬话”

在人际交往中，有些人常常会碰到一些气焰嚣张的人。然而，这些人往往是因为有某种权势或优势便居高临下，盛气凌人，甚至以某种邪恶的手段践踏人间公理和社会公德，对付这种事也一样要义正词严，当堂断喝。因为不管坏人怎么坏，在公理和道德面前他们也会有所畏缩的。

其实这样骄横跋扈的人从古到今并不少见。不过这样的人总会碰上一些他们难啃的“骨头”。

战国时的秦王想吞并安陵，便提出要以500里土地交换安陵。安陵君自然不肯同意，便派唐雎出使秦国，以说服秦王放弃这个念头。

唐雎说明了来意，秦王一听，顿时脸色大变，怒气冲冲地对唐雎说："你听说过天子发怒吗？"

唐雎回答说："我没有听说过。"

秦王说："天子发怒，能让百万人尸骨成山，血流成河！"

唐雎说："那么，大王有没有听说过百姓发怒？"

秦王冷笑道："平民百姓发怒，不过是摘下帽子，赤着双脚，拿脑袋撞地罢了。"

唐雎说："那是庸人的发怒，不是勇武者的发怒……如果勇武的人真的发了怒，倒下的虽不过两人，血水淌过的地面也只有五六步，但是普天下都得披麻戴孝。现在勇士发怒了！"

说完，唐雎拔出宝剑，挺身而起。秦王一见顿时慌了，忙对他说："先生息怒，先生请坐下来谈，何必生这么大的气。现在我明白了，韩国、魏国都灭亡了，独有安陵君这个仅有50里地的小国还存留下来，就是因为有先生这样的勇士啊！"

在这个故事中，唐雎面对秦王的骄横霸道、凌人盛气，不仅没有一丝一毫的胆怯，反而据理力争，甚至当着满朝文武敢于拔剑而起，在气势上先把秦王比了下去。再加上之前唐雎所说的勇士之怒，最终使秦王打消了吞并的念头，从而达到了出使和说服的目的。

然而，还有一种人，说起来都有点可笑。他们嘴硬却是因为自己也知道事没做在理上，说话自然也气短，只是强词夺理而已，这时候只要你义正词严、针锋相对，保准他退避三舍。

有一次孙中山先生在访友途中，遇到一位卖假药的郎中，该人自夸他的药丹神效。路人围观如堵，中山先生恐人受骗，当众揭发他的药足以害人，众皆哗然。

这江湖客见对方不过是年轻学生，居然敢来挑衅，极为愤怒，随手捡起一块石头，凶狠地对他说："你不信，我将你的脚当场打断，再为你整好。"

其时，先生身着蓝布宽袖长衫，反背双手，右手拿着半截甘蔗，一时急中生智，将它藏入袖内，举起来对准江湖客说："这有什么稀奇，看我先一枪打碎你的脑袋，再来将你整好。"对方一听，真被唬住了，他搞不清中山先生的底细，信以为真，一时惊慌失措，经众人劝解而罢。

说"硬"话主要不是去批驳对方论点的错误、指责对方的可笑或荒谬，而是用与其言论相类、相对或相反的论点去智取对方。其实，在谈判中也是常用的。有些人习惯了高高在上，对别人说话总是傲慢无礼，甚至侮辱别人的人格，这种人根本没有诚意，所以我们也不必客气，只有采用比较强硬的态度和严厉的言辞，才能使对方有所收敛。

20世纪20年代初，冯玉祥将军任陕西督军，一天，美国亚洲古物调查团的安德里和一位英国人高士林私自到终南山打猎，打死了两头珍贵的野牛。他们洋洋自得，回到西安来见冯督军。

冯督军在帐篷内会见他们。他们十分得意地述说了打猎的收获，以为冯督军会赞赏他们的枪法。只见冯督军听着听着眉头就皱了起来。冯督军问："你们到终南山打猎，曾和谁打过招呼？你们领到许可证没有？"

这两位洋人骄横惯了，居然不把冯督军放在眼里，他们十分傲慢地说："我们打的是无主野牛，所以不用通知任何人！"

冯督军一听，更加生气，慷慨激愤地驳斥他们说："终南山是陕西的辖地，野牛是我国领土内的东西，怎么会是无主的呢？你们不通知地方官府，私自行猎，这是违法的行为，你们知道吗？"

他们不服，辩解说："我们此次到陕西，贵国外交部发给的护照上，明明写着准许携带猎枪字样，可见，我们行猎已蒙贵国政府的允许，怎么会是私自行猎呢？"

冯督军立即反问："准许你们携带猎枪，就是准许你们行猎吗？若是准许你们携带手枪，那你们岂不是要在中国境内随意杀人！"

美国人安德里自知理亏，便沉默不言，而英国人高士林仍狡辩说："我在中国已经15年，所到的地方从来没有不准许行猎的！再说，中国的法律也没有不准行猎的条文。"

"中国法律上没有不准外国人行猎的条文，难道又具有准许外国人打猎的条文吗？"冯玉祥慷慨激昂地质问道："你15年前没有遇到过官府禁止你行猎，那是他们睡着了。现在我们陕西的地方官，没有睡着。我负有国家人民交托的保土维权之任，我就非禁止不可！"

在冯玉祥将军慷慨激昂的正义面前，两个外国人无言以对，只好低头认罪，并请求饶恕他们，以后再也不重犯。

日常生活中，如果我们遇到故事里描述的那两个洋人一样的人，我们也要像冯玉祥将军那样，敢于说“硬话”，以硬制硬，针锋相对，毫不妥协。说“硬话”的目的在于向对方表明自己敢于斗争的勇气和决心。在很多场合只有说“硬话”才能在气势和心理上征服对方，打击对方。对社会上一些不知深浅，好在公众场合聚众闹事，寻衅滋事的人，在你洞明对方故意要弄手腕欲寻衅挑事时，抓住要害，先发制人，开门见山，旗帜鲜明地亮出自己的观点。

3. 投其所好，巧妙周旋

论辩往往使参辩双方针锋相对，僵持不下。要想突破僵局，取得论辩的胜利，不妨另辟蹊径，变逆为顺，采用一种“投其所好”的战术，从顺向的角度，向对方发起一场心理攻势，在顺的过程中化解对方的攻势，发现对方的破绽，捕捉突破的战机，从而出其不意地战胜对方。以下就是对“投其所好”术在论辩中的作用所作的一些分析说明：

（1）“投其所好”能诱敌入瓮

某天，一位时髦漂亮的女青年在马路上行走。突然她发现后面有一个“摩登”男青年在紧追不舍，怎么办呢？她忽然有了主意。她回过头来对这个男青年说：“你为什么老跟着我？”“摩登”男青年说：“您太美了，真让人着迷，我真心爱您，我们交个朋友吧！”姑娘嫣然一笑，说："谢谢您的夸奖，在我后面走的姑娘是我妹妹，她比我更美。""真的吗？""摩登"男青年非常高兴，马上回过头去，但却不见姑娘的身影。他知道上当了，又去追赶那位漂亮姑娘，质问她为什么骗人。这位女青年说："不，是你骗了我，如果你真心爱我，那么为什么去追另一个女人，经不起考验，还想跟我交朋友，请你走开！""摩登"男青年被说得面红耳赤，只好酸溜溜地走了。

这个事例中的女青年之所以能制服"摩登"男青年，就是顺着对方贪图美色的心理，"投其所好"，设计引诱。对方不知道是计，所以去追更美的姑娘，这就暴露出了他的丑恶嘴脸。女青年顺势反击，让对方自暴其丑，无地自容，达到了目的。由此可见，论辩中的"投其所好"术，实际也是一种"诱敌"战术，抓住对方的需求和动机，设下圈套，诱敌深入。当对方进入圈套之后，我方就可迅速出击，制服对方。

（2）"投其所好"能巧布疑阵

有一位顾客来到某酒店喝酒，店主以半杯酒当满杯卖给他。他喝完第二杯后，转身问店主："你们这儿一星期能卖多少桶酒？""35桶。"店主洋洋得意地回答。"那么，"顾客说，"我倒想出了一个能使你每星期卖掉70桶的办法。"店主很惊讶，忙问："什么办法？""这很简单，你只要将每个杯子里的酒装满就行了。"

聪明的顾客在此利用店主唯利是图的心理，"投其所好"，巧设圈套，待其落入，再奋力一击，揭露了店主把半杯酒充当一杯酒的恶劣行径。这种说话方法比一般的斥责要有力得多，也要深刻得多。由这个实例可见，“投其所好”术又是论辩中的“疑兵”之计，可以迎合对方的某种爱好和某种心理，巧布疑阵，麻痹对方，使之放松警惕，误入陷阱，从而达到战胜对方的目的。

（3）“投其所好”能捕捉战机

乔特斯律师为有杀妻嫌疑的拉里辩护，这时律师麦纳斯提出了对拉里十分不利的证据：拉里曾向麦纳斯提出过，要麦纳斯帮助他与妻子离婚，并由此推论拉里在无法达到离婚目的时，会采取极端措施。乔特斯知道要直接反驳“要求离婚就有杀人动机”是甚难的。于是他采取了“投其所好”的策略与对方周旋，以图找到最佳战机。

乔特斯先向麦纳斯承认，自己对离婚案是外行，一边恭敬地问对方是不是很忙。麦纳斯踌躇满志地回答：“要我处理的案子要多少有多少。”后来又补充说，每年至少有200件。乔特斯赞叹说：“呀！一年200件，您真是离婚案的专家，光是写文件就够您忙的了。”麦纳斯的声音犹豫起来，感到说得太多人们难以相信，就只好承认说：“可是……其中有些人……嗯……因为这样那样的原因改变了主意。”破绽出现了，乔特斯抓住这一点，进一步诱导道：“啊！您是说有重新和好的可能，那大概有10%的人不想把离婚付诸行动？”麦纳斯说：“百分比还要高一些。”“高多少，11%？20%？”“接近40%。”乔特斯用惊奇的眼光盯着他说：“麦纳斯先生，您是说去找您的人中有近一半最后决定不离婚？”“是的。”麦纳斯这时有些感觉到了对方的目的，但是已经没有退路了。“嗯，我想这不会是因为他们对您的能力缺乏信任吧？”“当然不是！”麦纳斯急忙自我辩解道。“他们常常是因为一时的冲动而跑来找我。可是一旦真的要离婚，便改变了主意……”他突然止住，意识到自己上当了。“谢谢。”乔特斯说，“你真帮了我的大忙。”

在这场法庭论辩中，律师乔特斯见正面反驳有很大的难度，就采用了“投其所好”术，从侧面迂回。他先坦率地承认自己对离婚案是外行，恭维对方很忙，当对方得意忘形，胡吹自己处理离婚案件的数目时，他又进一步恭维对方是离婚案专家。当对方感到吹过了头，说有些人因这样或那样的原因而改变了主意时，战机出现了。乔特斯抓住这个时机，步步诱导，使对方说出了自己否定自己的话。

从这个实例可以看出，如果在论辩中正面说理难以奏效时，可以采用“投其所好”的方法，与对方进行巧妙的周旋，当对方对抗心理软化，疏于防范，就有可能自我暴露出一些破绽，这就为我方提供了时机，我方应该立即乘隙而入，一举制敌。

4. 反客为主辩论术

有这样一则笑话，不知是真是假。

一次，尼克松前去苏联出席美国一个展览的开幕式，同赫鲁晓夫做了一次著名的“厨房辩论”。赫鲁晓夫怒气冲冲地说：“美国国会通过的那个有关被奴役国家的决议臭极了，臭得像马粪，没有比马粪更臭的东西了！”尼克松知道赫鲁晓夫少年时期当过养猪娃，不动声色地说：“我想主席先生大概搞错了，比马粪更臭的东西是有的，那就是猪屎。”

同为美国总统的林肯，则有过一场载入“正史”的反客为主的辩论。

牧师卡特赖特到处散布这样的言论：亚伯拉罕·林肯不承认耶稣！亚伯拉罕·林肯诬蔑耶稣是“私生子”！这是1843年美国伊利诺伊州竞选国会议员的关键时刻。作为民主党的候选人亚伯拉罕·林肯自然成了竞争对手。林肯知道彼德·卡特赖特散布这种舆论的险恶用心，是要降低自己在选民中的威信，他决心挫败对手。

有一天，卡特赖特在某教堂作布道演讲。当演讲进入高潮时，他瞥了一眼坐在显眼位置上的林肯，突然对信徒们说：“愿意把心献给上帝，想进入天堂的人站起来！”“嚯”地一下，教堂里竖起一片树桩般的人。信徒们都站了起来，只有林肯没有站起来。卡特赖特看在眼里，心中暗喜。他用柔和的目光对着信徒说：“请坐下。”待信徒们坐下后，牧师祈祷了一番后，又说：“凡是不愿下地狱的人都站起来吧！上帝保佑你们！”教堂里又长出了“树桩”。只见林肯又是纹丝不动。这正中卡特赖特的下怀：他本来就想让林肯当众出丑呢！此刻，他装作严肃地说：“大家都愿意把自己的心献给仁慈的上帝而进入天堂，大家都不愿意下地狱与丑恶的魔鬼为伍。可是，只有大名鼎鼎的林肯先生一人例外，他两次都没有作出反应，请问林肯先生，你到底要到哪里去？”

其实，林肯是故意要把卡特赖特的话调引到这儿来的，他见时机成熟，就从容不迫地站起来，以他当律师时锻炼出来的口才柔中带刚地雄辩起来：“我是以一听众的身份来这儿的，没料到卡特赖特教友竟单独地点了我的名，使我深感荣幸，我认为牧师先生提出的问题很重要，但我感到可以不像其他人一样回答问题。他直截了当地问我要到哪里去，我愿用同样坦率的话回答：‘我要到国会去。’”

这简直是一段绝妙的辩词，使在场的教徒们一领林肯不凡的风采，他们都被他的辩才所征服，拼命地鼓起掌来。好像这里不是教堂，而是竞选国会众议员的演讲会堂。高高在上的卡特赖特牧师，没想到结局会是这样，三寸不烂之舌竟僵硬得无法动弹了。

大人物固然有过“反客为主”的妙用，小人物其实也并不逊色。

有一次，一位应考者参加知识测验。

主持人问：“听说您是一位足球行家，理所当然知道所有关于足球的知识。”应考者不假思考地答道：“那当然。”“很好。”主持人微笑着问：“那么球网有多少个洞？”应考者愣了一下，但马上从容不迫地面露微笑：“能提出这样的问题的人一定是一位知识渊博的人吧？”主持人乐了，“那当然。”“很好。”应考者说：“既然您承认自己是个知识渊博的人，那么您应该知道我们的祖先中有一位叫作保塞尼亚斯的人，他是一个什么方面的学问家？”主持人说：“他是一个能言善辩的哲学家。”

“很好，回答正确加10分。”应考者巧妙地站在主持人的位置上后，更加轻松地说：“关于保塞尼亚斯有这么一则轶闻。据说当时雅典的首席执政官员听说保塞尼亚斯富有口才，就把他请到贵族会议上来，对他说：‘贵族会议的成员，每个人都有一个难题要问你，你能用一句来回答他们所有的问题吗？’保塞尼亚斯说：‘那要看看是些什么问题？’于是议员们接连不断地提出了几十个不同的问题。当问题提完后，保塞尼亚斯应该用一句话才能答全。知识渊博的主持人先生，您能代替保塞尼亚斯以一句话答全吗？”知识测验主持人想了想回答：“保塞尼亚斯面对几十个不同的问题，只能这样回答：‘我全不知道！’”“很好！很好！不愧是保塞尼亚斯的后代，今天，此时此刻，我只想再请您用一句话回答一个问题。”“你问吧。”主持人说。“请问球网有多少个洞？”应考者问。主持人：“……”

这种应对，在中国有时又叫作“以彼之矛，攻彼之盾”“以其人之道还治其人之身”，不知什么时候让老外给偷学了去。

与此类似，还有一则故事。

约翰·昆西·亚当斯是美国第六任总统。他有一个习惯，黎明前一两个小时起床，长距离散步或骑马，或去波托马克河裸体游泳。

安妮·罗亚尔是一名女记者。她一直想了解总统关于银行问题的观点，但是屡次采访屡次被拒。一天，她尾随总统来到河边，决心想方设法让他回答问题。她先藏在树后，待他下水以后便坐在他的衣服上喊道："游过来，总统。"亚当斯满脸惊讶，吃惊地问道："你要干什么？"

"我是一名女记者，"她回答道，"几个月来我一直想见到你，就国家银行的问题采访一下。我多次到白宫，他们不让我进，于是我观察你的行踪。今天早上悄悄尾随你从白宫来到这里。现在我正坐在你的衣服上。你不让我采访就别想得到它，是回答我的问题还是在水里待一辈子，随便。"

亚当斯本想骗走女记者，"让我上岸穿好衣服，我保证让你采访。请到树丛后面去，等我穿衣服。""不，绝对不行，"罗亚尔急促地说，"你若上岸来抱衣服，我就要喊了，那边有三个打鱼的。"最后，亚当斯无可奈何地待在水里回答了她的问题。

一般情况下，亚当斯是不会接受罗亚尔采访的。罗亚尔的聪明之处在于彻底地了解了总统的习惯及活动规律，抓住了亚当斯的薄弱环节，反客为主，掌握了主动。

5. 用对方的观点揭露对方的错误

相信很多人都听过“矛与盾”的故事：

古代有个卖长矛和盾牌的人，吹嘘说自己的矛是天下最锋利的，可以击破任何盾牌。过了一会儿，他又拿起自己的盾牌吹嘘道：“我的盾牌是天下最坚固的，可以抵挡任何武器的攻击。”于是有人就问：“既然如此，如果用你的矛，去攻击你的盾牌，结果会怎样呢？”结果当然是，卖矛与盾的人哑口无言，陷入自相矛盾之中。

“以彼之矛，攻彼之盾”的技巧，就是让对方自相矛盾，并可在辩论的同时，产生一定的幽默效果。

东汉哲学家王充曾和一些有迷信思想的人发生过一场论辩。有人说：“人死了，灵魂就变成了鬼。鬼的样子和穿戴跟人活着的时候一模一样。”

王充反驳道：“你们说一个人死了他的灵魂能变成鬼，难道他穿的衣服也有灵魂，也变成了鬼吗？照你们的说法，衣服是没有精神的，不会变成鬼，如果真的看见了鬼，那它该是赤身裸体，一丝不挂才对，怎么还穿着衣服呢？并且，从古到今，不知几千年了，死去的人比现在活着的人不知多多少倍，如果人死了就变成鬼，就应该看到几百万、几千万的鬼，满屋子、满院子都是，连大街小巷都挤满了鬼。可是，有几个人见过鬼呢？那些说见过鬼的，也说只见过一两个，这样他们的说法不就自相矛盾了吗？”

有人辩解说：“哪有死了都变成鬼的？只有死的时候心里有怨气、精神没散掉的，才能变成鬼。古书上不是记载过，春秋时候，吴王夫差把伍子胥放在锅里煮了，又扔到江里。伍子胥含冤而死，心里有怨气，变成了鬼。所以每年秋天掀起潮水，发泄他的愤怒，可厉害呢！怎么能说没有鬼呢？”

王充说：“伍子胥的仇人是吴王夫差。吴国早就灭亡了，吴王夫差也早就死了，伍子胥还跟谁做冤家，生谁的气呢？伍子胥如果真的变成了鬼，有掀起大潮的力量，那么他在大锅里的时候，为什么不使出掀大潮的劲儿，把那一锅滚水泼在吴王夫差的身上呢？”

王充在这里反驳论敌时就是使用了“以彼之矛，攻彼之盾”的办法。他先假设论敌的观点是正确的，然后再用这一观点去攻击对方，这就给了论敌当头一棒，使他们瞠目结舌、哑口无言。

“以彼之矛，攻彼之盾”是辩论中的经典展现，利用连锁反应“一是百是，一非百非”的特点，推出荒唐的结论。我们通常用“连锁反应”一词来表示一事物发展过程中呈现出的严格因果联系，其实在幽默的具体应用中往往也有这样的情况。然而，简单而一般的因果推理并不见得就有出其不意的幽默功能，为了将幽默的主题不断推向高潮，强化幽默的效果，还必须将反驳与连锁推理有机地结合起来，“以彼之矛，攻彼之盾”是就推理的结果而言的。在具体推理过程中用连锁法，可在最后的结论中使对方自相矛盾。比如：

一个人的母亲死了，服丧时他偶然吃了一次红米粉，被一个迂腐的书生看到了。书生大为不满，指责这个人是不肖子孙。那人问他为何？他说，红色是喜庆的颜色。那人反驳说：既然这样，那么大家天天吃白米饭，岂不是天天在服丧吗？

一句话，言简意赅，使人看到了书生的荒唐。那反驳书生的人使用的就是“以彼之矛，攻彼之盾”的办法。就是以对方的论点为前提，利用此论点去攻击对方，从而驳倒对方。

再看一个古希腊的幽默小故事：

一场可怕的暴风雨过后，一位大腹便便的暴发户对阿里斯庇普说：“刚才我一点也没害怕，而你却吓得脸色苍白。你还是个哲学家呢，真不可思议。”

阿里斯庇普回答说：“这并不奇怪。我害怕，是因为想到希腊即将失去一位像我这样的哲学家。但是，你有什么可担心的呢？你如果淹死了，希腊最多也不过是损失了一个白痴！”

故事中，阿里斯庇普没有否认自己的害怕，他的聪明之处是在暴发户结论的基础上另辟蹊径，为暴发户的结论做了一个更加幽默的解释，从而将暴发户的结论推上不打自败的境地。这种方法从表面上来看是荒谬的，但实际上通过智慧的转化，往往能够谬中求胜。从这一点来看，它一点也不荒谬，而且处处闪耀着智慧的灵光。

在人际交往中，利用“以彼之矛，攻彼之盾”的办法进行攻击有两种方式：一种是纯粹戏谑性的，主要为了显示亲切的情感，引起对方的共鸣，或者为了展示智慧，引起对方欣赏；一种是斗智性的，好像进行幽默式的智力比赛，互相争上风，这时的调笑性、攻击性更重要。当然有时攻击性是很凶猛的，但表现形式是很轻松的。不管有无攻击性，都将戏谑意味升级为主要手段。即明明知道对方错了，不但不予以否定，反而予以肯定。而肯定的结果是更彻底的否定，使对方陷入自相矛盾的漩涡之中。

总之，“以彼之矛，攻彼之盾”是一种反驳的手段，但绝不是生硬的反驳，而是绕个圈子，用对方的观点来揭露对方错误。

6. 运用类比，反驳诘难

在辩论中，常常遇到对方的诘难。如果仅仅从逻辑上来说明，你就可能陷入一场无休止的争论之中。聪明人会用类比的方式，找一个相似的事物所具有的属性或特点，来证明对方诘难的荒谬。这是一种以曲为直的方法，在达到反驳目的的同时，让对方能心平气和地接受你的观点。比如下面这个故事：

一个穷人找阿凡提诉苦说："我去年向巴依老爷借了一个熟鸡蛋，今年他却要我还300个鸡蛋。理由是蛋孵鸡，鸡生蛋。"阿凡提与穷人一起告到了法官那里。

审判时，阿凡提迟迟不到。后来很晚来了。法官问他："你怎么这么久才来呀？""我在家炒小麦准备下种。"阿凡提回答说。法官听了哈哈大笑："炒熟了的小麦下种后怎么会长出麦苗来呢？"阿凡提答道："那煮熟的鸡蛋怎么能孵出小鸡来呢？"

在《古今谭概》中，有一位11岁的少年也运用了这种方法：

南昌有一个11岁的少年徐樨，到太原郭林宗家玩。郭林宗家中有一庭院，院里有一树。郭林宗想把这棵树砍掉，他说："住宅犹如方口，宅中有树，正如有木，成了不吉利的'困'字。"

徐樨不以为然，他说："如果宅中不能有树，那么宅中也不能住人，因为口中有木成了'困'字，口中有人就成了'囚'字。'困'字不祥，'囚'字更不吉利。如果因为'困'字不祥而砍掉树，那么'囚'字更为不吉利，人也就不能住了。"

现在，以类比法来反驳诘难有了更为实际的应用。

一家公司的经理在一次业务谈判中，受到了另一家公司业务员的顶撞，为此，他气冲冲地找到那家公司的经理，吼道："如果你不向我保证，撤销上次那个蛮横无理的工作人员的职务，那么，你们显然是没有诚意和我公司达成协议！"

那家公司的经理听了微微一笑，说："经理先生，对于工作人员的态度问题，是批评教育还是撤职处理，完全是我们公司的内部事务，无须向贵公司做什么保证。这就同我们并不要求你们的董事会一定要撤换与我公司工作人员有过冲突的经理的职务，才算是你们具有与我公司达成协议的诚意一样。"

先前怒气冲冲的经理顿时哑口无言，态度也缓和了许多。

在这里，后一家公司的经理就巧妙地运用了类比的技巧。虽然说这两家公司有很多不同之处，但有一点却是相似的，即两家公司对工作人员或经理的处理完全是各公司的内部事务，与有没有诚意和对方合作无关。该经理就是抓住了这一相似点作类比，从而告诉了对方所提要求的不合理之处，表达了对其诘难的反驳。

1956年，在苏联共产党第二十次代表大会上，赫鲁晓夫做了“秘密报告”，揭露、批评了斯大林的一系列错误，引起苏联人及全世界各国的强烈反响，大家议论纷纷。有一次，在党的代表大会上，赫鲁晓夫再次批判斯大林的错误。这时，听众席里有人递上一张条子。赫鲁晓夫打开一看，上面写着：“那时候你为什么不提出来？”

赫鲁晓夫沉思了片刻，拿起条子，通过扩音器大声念了一遍条子上的内容，然后望着台下，大声喊道：“谁写的这张条子，请你马上从座位上站起来，走上台。”赫鲁晓夫又重复了一遍他的话：“请写条子的人站出来。”全场仍死一般地沉寂，大家都等着赫鲁晓夫的爆发。几分钟过去了，赫鲁晓夫平静地说：“现在，你们知道我当时为什么不提出来了吧？”

面对群众提出的尖锐问题，赫鲁晓夫不能不讲真话。但是，如果他直接承认“当时我没有胆量批评斯大林”，势必会大大损伤了自己的面子，也不符合一个有权威的领导人的身份。于是赫鲁晓夫巧妙地即兴创造出一个场景，借这个众人皆知其含义的场景来含蓄地给出自己的答案。这种回答既不损害自己的威望，也不会让听众觉得他在文过饰非，赫鲁晓夫创造的这个场景还让所有在场者感到他的幽默风趣，平易近人。

苏联诗人马雅可夫斯基在一次演讲会结束后，与对他怀有敌意的发问者展开了争论。发问者说："您的诗太骇人听闻了，这样写诗是要短命的，明天就会完蛋，您本人也会被忘却，您不会成为不朽的人。"马雅可夫斯基答道："请您过1000年再来，那时我们再谈吧！"

发问者又说："您说，有时应当把沾满'尘土'的传统和习性从自己身上洗掉，那么您既然需要洗脸，这就是说，您也是肮脏的了。"诗人回答："那么，您不洗脸，就认为自己是干净的吗？"发问者又说："您的诗不能使人沸腾，不能使人燃烧，不能感染人。"诗人答道："我的诗不是大海，不是火炉，更不是鼠疫！"

这段话引起了人们的掌声和笑语。诗人巧妙地运用了类比的手法，使自己的反驳充满了幽默感，从而不仅反驳了对方的观点，而且给唇枪舌剑的争辩添上了诙谐的色彩。

7. 连类比物，由此及彼

我们或许之前也曾看到过，辩论者为了更形象、更明了地表述观点，往往会编造或借用一些小故事，由此及彼使得某些深奥的道理从简单的故事中体现出来。这种由于不便直说本意，而借助类比物阐明本意的方法，就是我们所说的连类比物术。

春秋战国时，陈国发生了内乱，陈灵公被大臣夏征舒杀了。陈国几个大臣逃到楚国，请楚庄王替陈国平定内乱。楚庄王打着匡扶正义的旗号，率大军灭掉了陈国，把其划为楚国的版图。一时间，南方属国的君主和许多小部落的首领都来道喜，国内的大臣也纷纷前来祝贺，独有大夫申叔时对此不说一句恭贺的话。楚庄王火了，责问道："陈国的夏征舒杀了陈灵公，犯了滔天大罪，中原的诸侯哪个也没敢去过问，只有我主持正义，杀了夏征舒，而且又使我国增加了很多土地，哪个大臣、哪个属国不来祝贺？可你却吭都没吭一声，难道我做得不对吗？"

申叔时装作诚惶诚恐的样子，行礼说："不是，不是，我的心里正想着一件解决不了的案子呢，所以还顾不上说别的。"楚庄王好奇地问是什么案子，申叔时说：

“有个人牵着一头牛，从别人的田野走过，哪知牛儿踩坏了人家的庄稼。田地主人火冒三丈，不由分说，把那头牛抢走了，任凭牛主好说歹说就是不肯还，请问大王，要是您遇上这个案子该怎么审理呀？”楚庄王不假思索地说：“我说应该把牛还给人家。”申叔时问为什么，庄王说：“牵着牛踩了人家的庄稼，这当然不好，可是就为这个抢了人家的牛，不是太过分了吗？”话一出口，庄王悟到了申叔时连类比物的用意，于是恢复了陈国，陈国的新国君陈成公从晋国回到陈国，他很感激楚庄王，就归附了楚国。

无独有偶，西汉大臣霍光在武帝时任奉车都尉，昭帝时任大司马大将军，辅政四帝。他死后，他的子孙广置宫室，骄横荒淫，企图谋杀丞相，废掉宣帝，继而立光子霍禹为帝。茂陵人徐福上书皇帝：“霍家权势太大，陛下对他们既然宠护优待，就应该及时抑制，别让他们走向灭亡。”徐福上书三次，皇上总是不予理睬。后来霍家事发，遭灭族之罪，被杀了几千口。告发霍家谋权的都受到封赏，而只有徐福却被冷落一边。

有人向皇上进谏说：有位客人路过一户人家，见这家锅灶的烟筒是直的，旁边还有一堆柴草，便对主人说：“烟筒要修弯曲些，柴草要远离灶口，不然容易失火。”主人不以为然，不久，这家果然失火，邻里奋力扑救，侥幸把火扑灭，于是主人杀牛备酒答谢邻里，让救火受伤的人坐在上首，其余按出力大小顺序就座，就是没有请那位劝说修弯烟筒的。有人对主人说：“假如以前听那位客人的话，你就用不着杀牛买酒，也不会有火灾损失。今天论功请客，功劳大的反倒不请，这才是‘曲突徙薪无恩泽，焦头烂额为上客’。”主人恍然大悟，连忙去请那位客人。如今，茂陵人徐福几次上书数说霍家将要谋反，应该及早预防以绝后患，要是按徐福的奏章办，那么国家就不会有封赏的费用，霍家也不会有灭族的灾祸。事情虽然不出徐福所料，但徐福却没有得到封赏。这事请陛下斟酌，应重赏徐福的曲突徙薪之策，使他在那些告发者之上。皇帝感悟，赏给徐福上等丝绸十匹，不久又任命他为郎官。

从以上这些说服事例中，我们不难发现：说服者无论讲述现实故事，还是非现实故事，都是短小精悍，寓意深沉，而且听来饶有趣味。同时故事内容与言谏本意扣得很紧，并以易喻难，以异显同，通俗易懂，让人乐意接受。而且说服者往往是先说故事，后露本意，故事是本意的铺垫和流露，而本意又是故事含义的集中概括，二者相辅相成，自然和谐，毫无矫揉造作之意。

连类比物，触类旁通。说服者所“联”故事之“类”，来自各种渠道，有的已流传民间，说者当场随手拈来，有的是乘时乘势，酌情编造。以借此喻彼，借远喻近，借古喻今，借小喻大。尽管故事内容千奇百怪，情节活灵活现，表述娓娓动听，宗旨却只有一个，就是吸引、打动被说服者，让其由此及彼，领会故事之外的真意，进而达到说服对方的目的。

第五章

能言善辩，掌握主动

——谈判的艺术

谈判是一种交易行为，更是一种口才的艺术，语言在谈判中犹如桥梁，占有重要的地位，它往往决定谈判的成败。善言者即便是在谈判中受到猛烈的攻击，也不会轻易地屈服，他们往往能用如簧巧舌挽回局势。即便在谈判最僵局的时候，有经验的谈判者也能借助高超的语言技巧创造和谐、礼貌的气氛，表述自己的主张和观点，维护自己的立场。

1. 谈判是语言驾驭能力的表现

谈判是双方利益的较量，更是语言驾驭能力的表现。谈判者要有缜密的逻辑思维能力，不能给对方留下任何可乘之机，否则，就是失败。

在商务谈判中，谈判者要把自己的思想通过有声语言，准确地传达给对方，使对方在心灵深处引起良好的反应，不仅需要高超的驾驭语言的能力，很好的心理素质，而且需要缜密的逻辑思维能力。所以，谈判是思想、语言、自身修养各方面的有机统一。确切地说，谈判是一种面对对方的思维活动，是使用思想感情进行创作的过程，这一过程首先是借助于对方所能理解的语言来完成的。所以，为了提高谈判的成功率，从谈判者的主观方面来说，必须注意从语言、逻辑和心理素质三方面训练自己。

（1）谈判中的语言艺术

在谈判中，语言表达能力至关重要，通过叙事清晰，论据充分的语言表达，往往能够有力地说服对方，达成相互之间的谅解，发现双方的共同目标和利益，取得谈判的成功。萨道义说："谈判技巧的最大秘诀之一，就是善于将自己要说服对方的观点一点一滴地渗进对方的头脑中去。"也就是说，从不同的角度，运用有说服力的语言，向对方说明自己的观点和意见，阐明双方的利益，使对方明白这些观点和建议对双方都是有益的。

我国一家进出口公司在与东欧一家集装箱公司谈判中，因价格问题出现了僵局，对方希望向我国出口集装箱，但认为我方开价太低，而僵持不下。我方代表对僵局不慌张、不气馁，他针对对方瞄准了中国这个大市场的急切心理。首先简述了我国改革开放的形势变化，以及货物运输量日益增长、急需大量集装箱的国情，表示愿意继续与对方合作的诚意。同时，也实事求是地讲述了我国各方面都在建设，经济上不宽裕的实情。如果对方在价格上适当优惠的话，我们还将从贵公司进口更多的产品。今后合作的前景还十分广阔。通过几轮谈判，反复向对方阐述我方的观点，达成了协议。可见语言表达的成功与否，在谈判中十分重要。

（2）谈判中的逻辑艺术

正确认识逻辑在谈判中的作用，并巧妙运用好逻辑这个思维工具是很重要的。谈判者的实际力量包括两个方面，一是物质力量，一是精神力量。物质力量是客观的，而精神力量虽带有主观的成分，但在谈判中往往具有决定性的作用。因为它是谈判者的自觉能动性的反映。古今中外的许多谈判实例都说明了这一点。例如，我国战国时期，楚国的蔺相如只身入虎穴，在秦王面前，凭着高超的谈判技巧，击败了秦王夺取和氏璧的阴谋。这些卓越的谈判高手之所以成功，其重要的原因便是他们将谈判中的逻辑因素和谈判的信息内容、时机等，巧妙地融为一体，充分发挥了人的主观能动作用，使抽象的真理在对方面前呈现为“立体”形象，从而具有很强的说服力和吸引力。

假如你到一个统一价格的国营商店去买一件高级的时装，对售货员说，要他将标价降为九五折出售，这显然是办不到的。可是换一个地点你的建议就不一定行不通。如果你到一家缺乏现金的个体户商店，店主很可能十分乐意薄利多销，收入现金去周转。所以，如果你善于运用逻辑方法去观察，去调查研究，去合理地判断、推理，就可能预测谈判中可能发生的具体情况。要想使该谈判成功，你必须了解对方需要，然后帮助他达到目的。如果某人在一次谈判中说：“这是我的最低价了。”你不要以为这是个绝话。你要推测：这是表面最低价，还是真实最低价？因为这可能是对方的一种策略。这时你必须运用各种逻辑艺术手段，进行探测、分析，作出决策。

谈判中的言语不但是思想的媒介物，而且是思维的一种有效的工具。语言与思维紧密联系在一起。谈判中的语词、词句、句群与概念、判断、推理相对应，谈判要求用词准确，逻辑要求概念明确，二者互为表里。谈判要求句子通畅、完整、正确，实际就是逻辑的判断恰当。谈判要求正确组织复句和句群，也就是要求合乎逻辑地推理。概念明确，判断恰当，推理合乎逻辑是谈判语言正确表达的基础。具有说服力的成功谈判，总是包含着无懈可击的逻辑性。

（3）谈判者的心理素质

在谈判中，谈判者的心理素质是否过硬，对谈判的成功与否起着重要的作用。学会忍耐则是对谈判者心理素质的最基本要求。比如，对方提出出乎意料的苛刻条件；对方的态度极不友好；对方为压倒他人而不择手段。在这些情况下，是考验一个谈判者忍耐的基本功的时候。如若不忍，立即就会使谈判呈现出紧张状态，甚至使谈判中断。所以，为了谈判的成功，必须学会忍耐。

适可而止是一种忍耐。在谈判中，对于谈判者来说，最重要的是要懂得该在什么时候去取得某种利益，同时要懂得该在什么时候放弃某种利益。

设身处地地为对方考虑，是学习忍耐的一种方法。谈判中，双方毫无疑问地要首先考虑自己的利益，都想在利益上占据优势。为此，双方可能争持不下，弄得面红耳赤，往往问题得不到恰当的解决。但是，如能设身处地地为对方想一想，矛盾也许就能有所缓和，使谈判出现转机。

总之，学会忍耐不仅是谈判者的一种手段，而且也是谈判者是否成熟的标志。

2. 在一个良好的气氛中进行谈判

如果在谈判一开始就形成良好的气氛，双方就容易沟通，便于协商。所以每个谈判者都喜欢在一个良好的气氛中进行谈判。

谈判能否取得成功，在很大程度上取决于谈判的氛围。一位专家曾这样说：“一个老谋深算的人应该对任何人都不说威胁之词，不发辱骂之言，因为二者都不能削弱敌手的力量。威胁会使他们更加谨慎，使谈判更艰难；辱骂会增加他们的怨恨，并使他们耿耿于怀，以言辞伤害你。”

在谈判进程中，应始终如一地与洽谈对手以礼相待，事事表现出真诚的敬意。坚持平等协商，没有高低贵贱之分，相互尊重。不允许以势压人、以大欺小。如果在谈判的开始有关各方在地位上便不平等，那么是很难达成让各方心悦诚服的协议的。同时，要求洽谈各方在洽谈中要通过协商，即相互商量，求得谅解，而不是通过强制、欺骗来达成一致。要明确双方之间的关系，要做到人与事分别而论，谈判桌上是对手，谈判桌外是朋友。

对谈判氛围的把握与控制，依赖于谈判的礼节。当然，遵从谈判的礼节也不一定能取得谈判的成功，但至少可以给人留有余地，为以后再谈判创造条件。

在谈判过程中，要将“礼仪”摆在首位。在任何情况下，都应本着心平气和、彬彬有礼、互敬互爱的原则与谈判对手和平相处。即使产生利害冲突，也要时刻保持绅士风度。最好是站在对方立场上考虑问题，这样对出现双赢的局面有很大帮助。

谈判不同于决一胜负的比赛。如果纯粹以一决雌雄的态度展开谈判，谈判者势必要竭力压倒对方，以达到自己单方面期望的目标，即使善于巧言令色，也要冒一败涂地的风险。因为策动人们谈判的动力是“需要”，双方的需要和对需要的满足是谈判的共同基础，对于共同利益的追求是取得一致的巨大动力。因此，真正成功的谈判，每一方都是胜者。

一般说来，谈判可分为合作性谈判和竞争性谈判两大类型。不管是哪种类型的谈判都必须和“言”悦色“烧热炉灶”，以创造融洽气氛，沟通谈判双方，建立相互信任的人际关系。以下几种方法对谈判者可能会有所帮助。

（1）言谈举止礼貌

有个美国人到曼哈顿出差，想在报摊上买份报纸，发现未带零钱，只好递过10元整钞对报贩说：“找钱吧！”谁知报贩很不高兴地回答道：“先生，我可不是在上下班时来替人找零钱的。”这时，等在马路对面的朋友想换种说话方式去碰碰运气。他过来对报贩说：“先生，对不起，不知你是否愿意帮助我解决这个困难，我是外地来的，想买份这儿的报纸，但只有一张10元的钞票，该怎么办？”结果，报贩毫不犹豫地把一份报递给了他，并且友好地说：“拿去吧，等有了零钱再给我。”后者的成功在于礼貌待人，语言暖心，满足了对方“获得尊重的需要”，终于取得了对方的认可。

谈判之初，谈判双方接触的第一印象十分重要，言谈举止要尽可能营造出友好、轻松的良好谈判气氛。做自我介绍时要自然大方，不可露傲慢之意。被介绍到的人应起立并微笑示意。询问对方要客气，如有名片，要双手接递。介绍完毕，可选择双方共同感兴趣的话题进行交谈。稍做寒暄，以沟通感情，创造温和气氛。

谈判之初的姿态动作也对谈判气氛起着重大作用，目光注视对方时，应停留于对方双眼至前额的三角区域正方，切忌双臂在胸前交叉。谈判之初的重要任务是摸清对方的底细，因此要认真听对方谈话，细心观察对方举止表情，并适当给予回应，这样既可了解对方意图，又可表现出尊重与礼貌。

（2）改变人称，勿加评判

在谈判过程中，即使你的意见是正确的，也不要动辄对对手的行为和动机妄加评判，因为如果谈判失误，将会造成对立而难以合作。如发现对方对某项统计资料的计算方式不合理时，就贸然评论说：“你对增长率的计算方式全都错了。”对方听了，显然一下难以接受。如果将这句话改变人称并换一种表述方式，其效果就大相径庭了："我的统计结果和你的有所不同，我是这样计算的……"对方听后就不会产生反感了。

这种方法的诀窍是：将"你"换成"我"，将评判的口吻改成自我感受的口吻。在一般的场合又应注意尽量避免使用以"我"为中心的提示语，诸如"我认为……""依我看……""我的看法是……""我早就这么认为……"等，上述每一句开头的"我"都可改为礼貌用语"您"。

（3）多用肯定，委婉拒绝

在适当的时候采用适当的方式肯定对方。若对方观点与己方一致或相接近时，或对方的要求属我方谈判计划中可作让步的问题，我方应抓住机会，中肯地肯定这些共同点和想法。同时，还应及时补充、延伸双方一致的论点，引导、鼓励对方畅所欲言，使谈判逼近目标。

如果在谈判中不同意对方的观点时，不要直接用"不"这个具有强烈对抗色彩的字眼。

即使对方态度粗暴，也应和颜悦色地用肯定的句型来表述否定的意思。比如，当对方情绪激动、措辞逆耳时，也不要指责说："你这样发火是没有道理的。"而应换之以肯定句说："我完全理解你的感受。"这样说既婉转地暗示"我并不赞成你这么做"，又使对方听了十分悦耳，对你的好感油然而生。

当谈判陷入僵局时，也不要使用否定对方的任何字眼，而要不失风度地说："在目前情况下，我们最多也只能做到这一步了。"

有时为了不冒犯对方，可适当运用"转折"技巧，即先予肯定、宽慰，再转折、委婉地否定并阐明自己的难处。如“是呀，可是……”“我理解你的处境，但是……”“我完全懂得你的意思，也完全赞成你的意见，但是……”这种貌似赞成，实则什么也没接受的语言表达方式，体现了“将心比心”这一古老的心理战术。它表示了对于对方的同情和理解，而赢得的却是“但是”以后所包含的内容。

3. 语言的铺垫是谈判的基石

谈判是语言技巧使用最集中的场合，也是语言功效最突出的场合。

谈判既重视语言，又要密切注意对方动向，要游刃有余，就要注意语言的铺垫。

（1）交锋前的铺垫

谈判交锋前的铺垫，系指双方在对实质内容（即与交易相关的各种条件）进行谈判前的铺垫。该阶段的表述要实现三个功效：营造主题氛围、调度心理趋向和集中思维方向。谈判者的表述实现了这三个功效，即为表述成功。如何才算表述成功？或者说，怎么表述才能成功呢？

①营造主题氛围

营造主题氛围，是指谈判者根据总体谈判策略的需要，通过表达形成相应的谈判氛围。所谓主题，是强调总体策略的特征，如冷与热，紧与松等总体性、基本性的特征。要实现主题氛围的营造，在表达上需要考虑话题选择、语句选择和表情的配合。

话题选择

谈判者在铺垫时讲什么话题更适合主题氛围，即为话题选择。话题有许多，而许多是带“煽情性”的话题。例如，关心体贴之类的话题，歌功颂德的话题，怀旧、叙旧的话题，祝福期盼的话题，情谊表达的话题等，均属“煽情性”的话题。还有“伤情性”的话题，例如，揭伤疤之类的话题，声明性的话题，贬谪性的话题，为难之类的话题，等等。此外，还有“平淡性”的话题，就事论事的话题及所有不带褒贬、不带好恶感情的话题，等等。

在铺垫中，正确选择不同类型的话题，才可正确营造所需的主题氛围，正确选择了话题，才可以带出相应的语句为相应的主题氛围服务。显然，伤感的话题是绝不可能营造友好热烈的氛围的。反之，煽情性的话题也不可能获得冷静的谈判气氛。

语句选择

语句与话题相关。语句本身也有特性，故选择时必须符合话题的需要。具体讲，需先分清语句的类别与特性，后决定选择。语句有华丽、朴素、硬板之分。

华丽的语句，多指构造复杂、修饰丰富、表述细腻的语句。

例如，“若不介意，我十分愿意用这宝贵的时间表达我们对面临问题的忧虑。”“有贵方如此大力的配合，我坚信在你我双方之间将不会存在解决不了的困难和逾越不了的障碍。”“尽管外面天寒地冻，而室内我们的工作热情更高。这是我们克服困难的有力保障。”“你我双方已有悠久、成功的合作历史，我坚信在新的合作中，不论出现什么误会都容易消除，无论有什么困难，都会有办法解决。”

朴素语句，多指构造简单，不加修饰的语句。如从句使用较少，只由主谓宾（状）语组句，甚至仅以因果两组句。典型的例子如：

“我很高兴认识您。”“要谈的议题很复杂。”“下午我们继续商量。”“我建议用两天时间谈完。”“由于您我双方都很忙，日程安排应紧凑些。”“由于我不熟悉贵方习惯，请贵方先说吧。”等。

硬板语句，系指简捷干脆、常带祈使语的语句。例如，“对不起，我看难办。”“等等，别急，听我说完。”“您好！幸会。希望能配合好。”“是吗？我听错了？我实在太忙，请贵方能抓紧时间。”

针对不同话题，华丽语句可以用于煽情话题，其中尖刻的修饰也可用于伤情话题。朴素语句可用于平淡话题。硬板语句可用于伤情话题。

表情的配合

指谈判者在进行铺垫时面部表现的感情。铺垫时，谈判者的面部表情可以是“春风荡漾”，即面带微笑；也可能是“秋风萧萧”，即面显愁容且面色沉重；还可能是“风平浪静”，即面部平静且眼神平淡。不同的表情可以按铺垫时营造的主题氛围而选择。春风荡漾的表情自应与煽情话题相配，秋风萧萧更适合伤情话题，而风平浪静的表情适合平淡话题。

不过，由于策略需要，常常会进行复合式的运用。如软中带硬时，会把“春风与秋风”交汇一起。相反，在冷漠之中，也会吹点春风。但应注意：这里讲的交汇，是整体的交汇，即春风荡漾的表情与煽情性话题整体上和秋风萧萧的表情和伤情话题交汇使用，而不是将春风荡漾的表情与伤情话题交汇，或秋风萧萧的表情与煽情的话题交汇。当然，仅在说俏皮话和幸灾乐祸时，才会有表情与话题的反向交汇，例如，面带笑容却大谈伤情事。

②调度心理趋向

交锋前的铺垫中，心理的调度非常重要，它主要是指使对手的情感与欲望适合谈判实质条件的需要，或者说，调整谈判对手的情感和欲望，使之符合谈判实际。

情感调度

这有两种情况，一是己方意欲成交，一是己方无意成交。前者需要调动起对方的热情，后者是要扼制对方的成交热情。两种情况，调度表达并不一样。

需要调动对方热情时，首先要采用营造氛围的技巧，诸如煽情性的话题、语句及表情。其次，要浓抹成交的可能性。例如，强调双方的实力、双方的关系、双方的诚意、双方的长远利益等条件，借以燃起对方势在必得的谈判热情。不过，当对手恃强自傲，而你又需与之成交时，调动其谈判热情的手法就要变化。首先，营造氛围就要变成“平淡”。从话题和用语及表情反映出“非强求”之意，以保持己方的主动地位。此外，说出结局——可能失败，以伤情的表述预测以后的谈判结果，使其反省自己，调整态度，拿出谈判热情来。

要扼制对方成交热情时，首先，氛围营造应为平淡。其次，要讲不能交易的条件，如竞争、对方产品的缺陷等。同时，话语礼貌，以表达尊敬及爱护对方之意，以免谈判未如其愿时，对方误会你欺骗了他。

欲望调整

这里也有两种典型情况：期待值过高（卖方要价太高或买方给价太低）和不期望结果（即抱着一试而已的态度）。

对于前者，表述中氛围可以自由选用，因为各有其用。煽情——表达友好，伤情——表达担忧，平淡——表达不抱希望，三者对于期待值过高的对手，在铺垫时均可以用。主要是要表达出期待值对应的条件——困难，让对手有一个思想准备——付出代价（实际条件和谈判的诚意）。

对于后者，主要看他对己方谈判的需要。若是“货比三家”中的一家，从策略需要，表达的主张应是煽情的：鼓励其全力以赴，或获得交易，或获得友情——未来的交易希望。若与谈判策略无关，则平淡对之，以节省时间，但表述中的友情与礼貌仍不可缺。典型表述有：

“十分感谢，您给了我这个机会与贵方谈判该笔交易。”“请原谅，我方有自知之明。提前告退了。希望没给贵方带来不便。”“看来，这次你我双方无缘成交了。我们下次再见。”“本来我们也没指望会有什么结果，但让我们认识一下吧。”“感谢您来我国访问。希望这是我们交往的开始，而不是结束。”等。

③集中思维方向

铺垫中集中思维方向，系指将谈判双方的谈判注意力集中到统一的部署上来。换句话说，就是选定共同的谈判路线。这是大战前的必修工程，是应解决的问题。在这个表述中，要使用侦察—了解、磋商—判断、集中—结论等表达手法。

侦察—了解

该手法是让谈判各方相互表明各自有关时间、地点、议题顺序和人员安排等想法，是敞开的思维。敞开思维多以平淡性的语句阐述，个别时候加点煽情的语言，点缀一下。

例如：“我方认为，要使谈判有效率，应从技术性问题谈起。当然，如果贵方愿意跳跃而行，也可提出来讨论。青蛙的跳跃行进也是很有效的。”在平淡的叙述中，加点比喻，既表达了思维，又煽了情。

磋商—判断

在思维敞开后，清理思绪即为表述中的磋商或判断。双方针对各自的表述内容进行对比，以判断取舍。此时的表述，沉浸在平淡表述之中，以保持严肃认真的气氛。陈述的思维是对各自长短的评价，利弊与可能的分析，例如，分组谈判的建议。该方式在谈判中很有效率。而一方认为，自己没有足够的人员参与分组谈判，使该方式成为不可能。也许双方会有评判的分歧，在铺垫时，只要任一方有余地，均应做出让步，使铺垫工作尽早完成，如上述分组建议，对方说没有人力，即应撤回。

集中—结论

该手法是清理、汇集评判的思维，也就是做出结论。铺垫中的集中表述，是在平淡中进行，要朴素而清晰地描述，使双方对统一的谈判路线无任何误解。若集中很不好，可能造成双方准备工作、谈判日程的混乱。

（2）交锋中的铺垫

在谈判过程中，尤其是在对交易实质条件（价格、合同条款、附件）谈判间隙中，仍然会有铺垫性的表述。其表达的要求多为廓清概念，明确态度。

进入实质谈判后，双方的意见会往来不断，有的表示反对，有的赞同，有的是询问问题，有的则是打岔或干脆纠缠。在其之后，或各种意见交锋之间，常有铺垫性表达出现。此时的意思就在于廓清概念。这一概念是界定谈判内容，包括两层含义：所言之物（事与话）的定义，以及其后所反映的言者的真正立场及其实质意义。

①所言之物的定义

为确保谈判的效率，交锋中铺垫首先要说明白的问题是双方谈的应是同一物。若你谈你的理解，我谈我的理解，而理解的并非同一物，就会使谈判陷于徒劳之中。此时，表达的技巧是运用确认和重复的表述方式来实现定义的一致性。确认系谈判议题定义的明示追问，或对理解要求的认同。

②确立真正立场

为了掌握谈判的进展，必须掌握言者的真正立场。有的谈判者含蓄，或为了刺探对方情报，在明确双方讲话的同时，对谈话引申出的要求与立场也要予以界定。对此，表述的手法主要是追问对方表态。其典型的语句有：

“如果我没理解错贵方的意见，您是要求B条件，不同意C条件，对吗？”“您讲了这么多，那么您到底是赞同，还是反对我方的条件呢？”“我理解，到目前为止，你我双方并未就此问题达成一致（差距自然很大）是吗？”“你我双方唇枪舌剑很长时间了，应该静下来清理一下各自的立场，看双方靠近了多少。”“我听贵方这么说，也就是不同意（同意）啦。”等。

③明确态度

明确态度，是指要说明谈判双方对面临的谈判问题所持的主观愿望。廓清概念是铺垫的基础性的一步，而明确态度是更近的一步、由表及里的一步、究其根源的一步，对谈判的发展影响很大。谈判过程中，典型的状况有气氛紧张、谈判激烈时，也有扭转融洽、彼此理解时，还有平淡之时。在这三种状况下的铺垫中，其态度的表述不同。

紧张时

此时的铺垫是要说明：“你想怎么样”以及“我对此的看法”，以达到调整双方态度的目的，使消极化为积极，战争转为和平，破坏变成建设。典型的表述有：“贵方怎么啦？若这么激动是无法交换看法的。”“我不知什么地方得罪了贵方。有话请慢慢讲；您讲话太快，我听不清，您的嗓门太高，也不一定加强了您讲话的正确性。再说，有时间让贵方讲话，我方也愿意听。”“贵方的学识与地位有能力把谈判从战争状态拖回来。不知为什么今天（昨天）谈判桌上出现如此情况，使我十分惊讶和遗憾。”“我认为，分歧在所难免，但吵不能解决问题。解决问题还须双方拿出诚意，拿出力量（条件）来。”“我认为，双方均应重新审视一下各自的条件和态度，冷静以后再继续该问题的谈判。”“如果贵方认为继续吵下去（或维持双方间的紧张状态）能解决问题，这是贵方的看法和权利，但后果请贵方予以充分考虑。”“打并不完全是坏事，不打不相识嘛；但打而不停，非要在谈判桌上争出高低，损失恐怕要大些。”“我认为，贵方若想保持谈判桌上的强势，甚至欲以势压人，那就错了。弱者可以不要强势，但却要交易，而能得到交易才是真正的强者。”“说一千道一万，以理服人才可以赢得友谊和合同。”等。

融洽时

此时铺垫是要说明，双方是如何利用这种积极性加快针对交易的谈判，使谈判尽早达到目标。典型的表述有：

“你我双方的坦诚和合作态度使谈判充满了活力，使所有与会者很受鼓舞。”“既然双方均有诚意实现交易，我建议在下面的谈判中，贵方能尽早拿出可行的成交方案来。”“虽然贵方的方案已表明了贵方的努力，但仍有些缺陷还没有纠正，如我方在上午（或昨天）谈判中提到的某某问题等，尚未见答复。”“在听到贵方完整的意见后，我方一定会将我方的意见告诉贵方。”“贵方若有困难，也请讲出来，看我方能否配合解决。”“既然贵方这么真诚，我不妨利用这个机会告诉贵方，该交易须抓紧进行，否则夜长梦多。”“我很想告诉贵方某些细节，但出于商业信誉，我不能讲。但我可以说的是，我方将积极配合贵方尽早结束谈判。”“我方的条件，不知贵方听明白了没有？若没听明白，我方可以重复一次；若有意见，我方愿意听，只是希望贵方抓紧时间告诉我方您的态度。”“我希望你我双方借东风加快谈判速度，创造一个良好合作的案例。”“既然大家是朋友，各方提出的条件应公平友好，若有不足之处，自我纠正。这样就避免朋友之间互相批判。”“请放心，对朋友的合作，我们会替对方着想，决不会因为关系好，谈判就粗糙，权责就不分明。”等。

平淡时

此时说明的是：双方这样谈判下去行不行？或谈判为什么这样没有朝气？如果谈判并未全面展开，或仅属相互介绍阶段，还未到条件的讨论阶段，则可以随日程往下谈判。若在现实条件交锋中，谈判既无大的进展，双方交锋也不积极时，需要做上述铺垫的说明。造成该种情况的原因有两种：没有成交的热情，即我的条件就这样，爱接受不接受，随你。没有准备修改条件的余地，即听了有理、无理的批驳，可以表态的条件不多或根本没有。此时典型的态度说明有：

“我们谈了很长时间了，贵方的意见没有讲，不知为什么？”“我们的谈判毫无进展，贵方是否无意该交易，还是有别的考虑？”“交易成与不成，对我方没有关系，但我方仍然希望了解到贵方的态度。”“贵方如果不愿意考虑我方意见，只要明示讲出来，我们可以重新审视下面的谈判。”“贵方明显没有道理，但仍这么坚持，使我方不理解。如您无权表态，我方可以等您向有关方面汇报后再谈。”“我知道，我方提出了一个难题，不知是否在您的授权范围内？若不在，您可以请示后再表态。”“你我双方都是自由的，不必对该交易负责，但对你我双方彼此提出的问题应有个合理的答复。”等。

4. “多听少说”有利于谈判

商务谈判中常运用“问”作为摸清对方需要、掌握对方心理、表达自己感情的手段。

在谈判中，发问是使自己“多听少说”的一种有效方法。问能引起他人注意的问题，促使谈判顺利进行；问能获取所需信息的问题，以此摸清对手底细；问能引起对方思考的问题，控制对方思考的方向；问能引导对方做出结论的问题，达到己方的目的；问有已知答案的问题，用以证明对方的诚实与可信度。

有一位教徒问神父：“我可以在祈祷时抽烟吗？”他的请求遭到神父的严厉斥责。而另一位教徒又去问神父：

“我可以吸烟时祈祷吗？”后一个教徒的请求却得到允许，悠闲地抽起了烟。这两个教徒发问的目的完全相同，只是谈判语言表达方式不同，但得到的结果却相反。由此看来，技巧高明的发问能赢得期望的谈判效果。

谈判的语言技巧在营销谈判中运用得好，可带来营业额的高增长。

某商场休息室里经营咖啡和牛奶，刚开始服务员总是问顾客：“先生，喝咖啡吗？”或者是“先生，喝牛奶吗？”其销售额平平。后来，老板要求服务员换一种问法，“先生，喝咖啡还是牛奶？”结果其销售额大增。原因在于，第一种问法，容易得到否定回答，而后一种是选择式，大多数情况下，顾客会选一种。

如何“问”是很有讲究的，重视和灵活运用发问的技巧，不仅可以引起双方的讨论，获取信息，而且还可以控制谈判的方向。到底哪些问题可以问，哪些问题不可以问，为了达到某一个目的应该怎样问，以及问的时机、场合、环境等，有许多基本常识和技巧需要了解和掌握。

（1）做好准备

应该预先准备好问题，最好是一些对方不能够迅速想出适当答案的问题，以期收到意想不到的效果。同时，预先有所准备也可预防对方反问。

有经验的谈判人员，往往是先提出一些看上去很一般，并且比较容易回答的问题，而这个问题恰恰是随后所要提出的比较重要的问题的前奏。这时，如果对方思想比较松懈，我们突然提出较为重要的问题，其结果往往是使对方措手不及，收到出其不意之效。因为，对方很可能在回答无关紧要的问题时即已暴露其思想，这时再让对方回答重要问题，对方只好按照原来的思路来回答问题，或许这个答案正是我们所需要的。

（2）先听后问

在对方发言时，如果自己脑中闪现出疑问，千万不要中止倾听对方的谈话而急于提出问题，这时可先把问题记录下来，等待对方讲完后，有合适的时机再提出问题。

同时，在倾听对方发言时，可能会出现马上就想反问的念头，切记这时不可急于提出自己的看法，因为这样做不但影响倾听对方的下文，而且会暴露自己的意图，这样对方可能会马上调整其后边的讲话内容，从而使自己可能丢掉本应听取到的信息。

（3）避免刁难问题

要避免提出那些可能会阻碍对方让步的刁难问题，这些问题会明显影响谈判效果。事实上，这类问题往往只会给谈判的结局带来麻烦。提问时，不仅要考虑自己的退路，同时也要考虑对方的退路，要把握好时机和火候。

（4）等待时机，继续追问

如果对方的答案不够完善，甚至回避不答，这时不要强迫追问，而是要有耐心和毅力，等待时机到来时，再继续追问，这样做以示对对方的尊重，同时再继续回答对方问题也是对方的义务和责任，因为时机成熟时，对方也不可推卸。

（5）提出已有答案的问题

在适当的时候，可以将一个已经发生，并且答案也是大家都知道的问题提出来，验证一下对方的诚实程度及其处理事物的态度。同时，这样做也可给对方一个暗示，即我们对整个交易的行情是了解的，有关对方的信息我们也是掌握很充分的。这样做可以帮助我们进行下一步的合作决策。

（6）适可而止

不要以法官的态度来询问对方，也不要问起问题来接连不断。

如果像法官一样询问谈判对方，会造成对方的敌对与防范的心理和情绪。因为双方谈判绝不等同于法庭上的审问，需要双方心平气和地提出和回答问题，另外，重复连续地发问往往会导致对方的厌倦、乏味而不愿回答，有时即使回答也是马马虎虎，甚至答非所问。

（7）耐心等待回答

当我们提出问题后，应闭口不言，专心致志地等待对方做出回答。如果这时对方也是沉默不语，则无形中给对方施加了一种压力。这时，我们应保持沉默，因为问题是由我们提出的，对方就必须以回答问题的方式打破沉默，或者说打破沉默的责任将由对方来承担。

（8）态度要诚恳

如果我们提出某一问题而对方不感兴趣，或是态度谨慎而不愿展开回答时，我们可以转换一个角度，并且用十分诚恳的态度来问对方，以此来激发对方回答的兴趣。这样做会使对方乐于回答，也有利于谈判者彼此感情上沟通，有利于谈判的顺利进行。

（9）问题要简短

在谈判过程中，提出的问题越短越好，而由问句引出的回答则是越长越好。因此，我们应尽量用简短的句式来向对方提问。因为当我们提问的话比对方回答的话还长时，我们就将处于被动的地位，这种提问是失败的。

提出问题是很有力量的谈判工具，因此在应用时必须审慎明确。问题决定讨论或辩论的方向，适当的发问常能指导谈判的结果。

5. 谈判中要注重口语表达

谈判的历史由来已久，所以也有比较固定的语言模式和一定的专业术语。谈判也如同打仗，谁的语言机智、灵敏、有力，谁就会获胜。

谈判语言有多种，要求也各不相同，在这里所谈的是口语表达的要求。口语表达，涉及的方面也很多，如声音、语气、节奏等，各方面又有其特定要求。

（1）简练

简练就是用最少的语言表达尽量多的内容。这是所有书面和口头语言的共同要求。简练不等于话少，若内容空洞，话少也不能算简练。语言的简练是与内容相对而言的。内容丰富，洋洋万言也可以是简练的。谈判语言的简练，书面语与口语又有些差别。书面语的阅读可以不受时间限制，为了尽可能简练，甚至可以使用一些古典词语。而口语除了要考虑把意思表达得明白、巧妙之外，还要考虑到对方是否能听懂。反过来说，真正简练的语言是最能突出讲话主题的，是易使对方接受的。因为啰啰唆唆，表面看很细致，但听起来主次不清，重点不突出，云遮雾罩，令人不知所云。过分的简练，对方思路跟不上也起不到交流信息的作用。

要做到语言简练，首先要训练思维，想不清楚就说不明白，思维不清晰，语言就不会简明扼要；其次，平日就要对语言简练有自觉练习，不随便放过每一个锻炼的机会，没有这方面的练习，就不会有这方面的提高。谈判前临阵磨枪固然不可忽视，但没有长期的基本功训练，临场是很难应付自如的。再次，要进行心理调整。情绪激动，有时会急中生智，但更多的时候则会导致思维混乱，思维一乱，语言就必然颠三倒四，条理不清。

在谈判中，每次说话前，先要进行自我心理调控，尽量稳定情绪，以保持头脑清醒，然后想清要表达什么意思，哪些是主要的，先说什么，后说什么，不说什么，哪些词语最能表达内心的意思，前后句怎样衔接连贯等。说话时，还应适当放慢速度。这是说，思维比语言表达越快，越是超前，组织语言就越从容，语言组织得也就越简练。说话拖拖沓沓，主要原因是思维太慢，大脑兴奋度低。稳定情绪，兴奋大脑，活跃思维，放慢说话速度，再加上平时练习和说前准备，做到这些，就不难做到语言简练了。

（2）委婉

委婉是一种运用迂回曲折的含蓄语言表达本意的方法。由于它在人际交往中应用广泛，而且千变万化，也被认为是一种语言风格。在谈判中，由于特定原因，有些话不便直说，而委婉可以给语言造成一定的弹性，因此，人们又称委婉为谈判的缓冲术。其作用大致有两点：

第一，给自己留面子。在谈判中，有些要求直说可能为难，有些问题回答不出来或回答了会给自己造成难堪，而委婉则可以解决这个问题。

第二，给对方留面子。人有受到尊重的需要，能否维护或伤害对方自尊心，常常是影响谈判成败和合作关系好坏的直接原因。有些话，如拒绝对方要求，阐明与对方不一致的观点，或批评对方等，说得不当，极容易引起对方的敌意或不快。这时，委婉含蓄地表达，既能说出难言的意思，又使对方乐于接受。

一个优秀的谈判者，常常善于顾全双方的面子，使谈判得以在融洽的气氛中顺利进行，况且商务谈判不仅仅是为了追求经济效益，建立良好的人际关系也应该是目的之一。我们既要有勇气说“不”，又不要把“不”字说出来。委婉是将谈判的问题与人分开对待的高明艺术手段。

例如，在许多谈判中，一方谈判者总要对对方的动机和意图进行没完没了的揣摩。然而，从问题对你有影响的方面而不以他们为什么那样做的方面描述问题将更有说服力。要说“我没听明白，请你再说一遍”，而不说“你没说清楚，请再说一遍”；要说“我感到失望”，而不说“你失言了”；要说“对你们的要求，我们商量一下再主动与你们联系”，而不说“你们的要求是无理的，我们不能接受”。这样对方就不会恼怒你，他可能会为问题而烦恼，但对你是理解的。

（3）幽默

幽默对于谈判有着不可忽视的作用。当事情的讨论达到高潮或时限将到的时候，紧张的气氛往往会令人变得浮躁和头痛。这时幽默就像降压灵、镇静剂一样，可以有效地缓和紧张气氛。对一些问题不想回答的时候，幽默是最好的回答，它既可以避开实质性的回答和对方的继续追问，又不至于产生难堪的僵持局面。当须揭穿对方的荒谬和虚假又不想激怒他的时候，幽默也不失为一种很好的方法。谈判的双方既合作又矛盾，相互间难免磕磕碰碰，幽默可以避免这种硬碰硬。运用得好，可以化干戈为玉帛，变紧张为轻松，创造出友好和谐的谈判氛围。

6. 兵不厌诈，该“诈”则“诈”

在商务谈判中，谈判者常常运用巧布迷阵的策略，放置各种“烟幕弹”，干扰对方视线，诱使对方步入迷阵，从而从中获利。

兵不厌诈，要想取得谈判的胜利，“不择手段”也是非常必要的。谈判双方都有各自的利益和底线，只要不违背法律、伦理和道德大原则，“诈术”还是可以使用的。

阿里森是美国一家电器公司的推销员。一次，他到一家公司去推销电机。这家公司前不久刚从阿里森手中买过电机，由于理解不当，公司总工程师误以为电机的温度超过了正常的发热指标，所以，总工程师一看到他就不客气地说：“阿里森，你不想让我多买你的电机吗？”阿里森在仔细地了解了情况之后，发现总工程师的说法是不正确的，但他没有强行辩解，而是决定以理服人，让客户自己改变态度。于是他微笑着对这位总工程师说：“好吧，斯宾塞先生，我的意见和你的一样，如果那电机发热过高，别说再买，就是已买的也要退货，是吗？”

“是的！”总工程师作了肯定的回答。

“当然，电机是会发热的。但是，你当然不希望它的温度超过了全国电工协会规定的标准，是吗？”对方又一次做了肯定的回答。

在得到了两个肯定回答之后，阿里森开始讨论实质性的问题了。他问斯宾塞：“按标准，电机的温度可比室温高72° F，是吗？”“是的，”斯宾塞说，“但是你们的电机却比这个指标高出许多，简直让人无法用手摸。难道这不是事实吗？”阿里森没有回答这个问题，而是反问道：“贵公司车间的温度是多少？”斯宾塞想了一下，说：“大约是75° F。”阿里森听了，点点头，恍然大悟地说：“这就对了，车间的温度是75° F，加上应有的72° F，一共是140° F左右。请问，要是你把手放进140° F的热水里，会不会把手烫伤呢？”对方不情愿地点点头。阿里森趁热打铁地说：“那么，你以后就不要用手去摸电机了。放心，那热度是正常的。”

就这样，阿里森提出了一系列的问题，使对方在一连串的“是”的回答中，不知不觉地否定了自己原来的观点，消除了疑虑。最后，阿里森在这场谈判中不仅取得了成功，而且还顺带做成了一笔生意。

美国开凿巴拿马运河的初期谈判，其谈判谋略也是典型的“请君入瓮”，而且谈判双方都是如此。

谈判的一方是美国，另一方是法国巴拿马运河公司。谈判的焦点问题是美国应该付给这家法国公司多少钱，才能取得开凿巴拿马运河的权利。这家法国公司虽然已开凿失败，但它在巴拿马运河却拥有一笔数量可观的资产，其中包括：30000英亩土地，巴拿马铁路，2000幢建筑物，大量的机械设备，医院等。法国人估价1亿多美元。他们开价1.4亿美元。而美国人的开价仅仅2000万美元，二者相距甚远，经过双方磋商，分别让步到1亿和3000万美元，但谈判到此就停了下来。

美国人的战略是声称另找一块地方挖运河，他们选中了尼加拉瓜，美国众议院宣布准备考虑支持开凿尼加拉瓜运河。精明的法国人摸透了对方想要一条运河来沟通两大洋的迫切心理，而且也料到了美国会用尼加拉瓜运河来与巴拿马竞争，于是他们也耍了一个花招，暗示法国亦同时与英国和俄国人谈判，以通过英俄的贷款继续运河的开凿。

双方相持不下。

不久，法国人获得了一份美国有关委员会给总统的秘密报告，报告真诚地赞美了巴拿马运河的优越性，然而提出购买的费用过高，不如实施尼加拉瓜方案。这份情报让法国人的信心动摇了，他们忧心忡忡地卷入了竞争。正所谓“祸不单行，福不双至”。不久，法国内部又爆发了一场危机，巴黎公司的总经理辞职不干，股东大会乱作一团：卖给美国人吧，什么价钱都可以接受！于是一夜之间，法国的报价骤跌至4000万美元，大大落入了美国实际可接受的范围。

从以上两则谈判案例我们不难看出，谈判者谋略的出发点在于巧布迷阵，借以给对手指示某种虚假的动向或暗示的信息，使之具有一定的诱惑力，其目的就在于搜索到对方更多有价值的信息，从而掌握谈判的主动权，达到“请君入瓮”的目的。

在商务谈判中，谈判者也常常运用这种巧布迷阵的策略，放置各种“烟幕弹”，干扰对方视线，诱使对方步入迷阵，从而从中获利。但设置迷阵，贵在一个“巧”字，谈判者应善于借助一个恰当的形式或局面来制造声势，并能顺理成章，不着痕迹。如果一个谈判者善于将对手引入自己设置的迷宫，这样谈判的主动权就掌握在自己的手中了。

在商务谈判中，设置各种迷阵并不少见。为了避免自己陷入对手的迷阵中，谈判者应从心理上和措施上加以防范，不可不假思索地相信那些轻易获取的信息。谈判桌上的对手大都是一些精明强干的人，他们一旦丢三落四或故弄玄虚，我们就应警觉。许多信息看起来似乎是机密的，其实不过是将你引入歧路的诱饵。为此，谈判者要始终具有清醒、冷静的头脑，防止谈判对手的迷阵得手。

7. 说服对方接受自己的观点

学会说服是每个谈判者必备的技巧，只有说服对方，他才能心悦诚服地接受你。

谈判中能否说服对方接受自己的观点，是谈判能否成功的一个关键。谈判中的说服，就是综合地运用听、问、说等各种技巧，改变对方的最初想法而接受己方的意见。

福柯公司对分销商的代理感到有些失望，于是开始致函该公司，列述了具体的不履约事例，这些事例似乎构成了合同终止的法律依据。最后，福柯公司首席执行官打电话给分销商的首席执行官，要求终止他们之间的合同，并宣称，分销商现在欠下福柯公司的债务约有200万美元。

据分销商私下估算，如果合同因不履约而终止，公司的负债将会接近300万美元。但是，分销商对福柯公司的许多不履约指控表示质疑，并将福柯公司最近遭受的挫折归结为市场状况。虽然分销商认为，福柯公司提出的“不履约”法律指控证据较弱，但该公司知道，福柯公司可能试图转移业务，迫使分销商起诉以避免损失。

有顾问建议，不要围绕“由于不履约而终止合同关系”来对谈判加以变形说服，而是通过另外方式归纳问题的性质，让其成为有力的变形说服条件。在接下来的电话会谈中，分销商的首席执行官向福柯公司的首席执行官指出，分销商依照福柯公司的要求签订了永续合同，并专门为福柯公司进行了大量投资，明确期许双方合作关系永续长存。并且针对福柯公司的不履约指控提出有力质疑。他还着重强调了福柯公司另换分销商所存在的风险，讲述了另一个单方面转移业务，结果让制造商失去好几年业务增长机会的事例。简而言之，分销商间接指出：福柯公司若抛弃经磋商同意的协议，即便是最佳另选方案，都是非常糟糕的。

针对福柯公司的不满，分销商提出可以终止合同，条件是自己须“因失去盈利、永续的关系而获得赔偿”。在论述了这种终止方式的道理与操作细节后，分销商向福柯公司提交了净现值计算方式，将合同对分销商的价值估算到1500万美元以上，从而逐步让福柯公司在这个基础上参与商讨。

分销商有意识地让会谈离开最初的主张（即分销商应当为不履约而支付赔偿），转而变形描述于这样的概念：只有得到赔偿后，自己方可允许福柯公司如愿以偿地脱离永续合同。

在这个过程中，福柯公司对可能协议的认知，从期望向分销商索取赔偿金，转变成了事实上要给予分销商赔偿。分销商最终通过和解协议，获得了大约800万美元。通过成功地对谈判进行变形说服，分销商原先估算将欠付福柯公司300万美元，结果却转亏为盈，前后相差1100万美元。

说服是谈判的主要内容，也是实现谈判的最重要手段之一。在整个谈判过程中，谈判者必须对自己严格约束，不能信口开河，要准确地表达自己的观点与见解。

一个年轻人下夜班骑车回家，不幸跌进施工挖的沟中，造成骨折住院，花了数千元医药费，几个月没能上班，工作也丢了。年轻人找到施工单位要求赔偿，可施工单位说与己无关。他的蛮劲上来了，和几个哥儿们商量好要去收拾那个工头，砸那个工地。他父亲知道了，拦住他们说："你可不要胡来，本来你现在占理，一动手就没理了，而且还违法。"年轻人听了很反感，说："说得好听，我到哪里说理？找谁都说不管。"父亲说："你不学法，当然找不到理。你看，法律中有这样的条文：在公共场所，道旁或者通道上挖坑、修缮安装地下设施等，没有明显标志和采取安全措施造成他人损害的，施工者应当承担民事责任。"经父亲这样一点拨，年轻人紧蹙的眉头展开了。他将安装地下管道的自来水公司告上了法庭，在法院的审理下，索回了赔款，解决了问题。他说："多亏了父亲的指点，不然，结果是什么样就不可而知了。"

说服是一门很重要的艺术。一个谈判者，只有掌握高明的说服技巧，才能在变幻莫测的谈判过程中左右逢源，达到自己的目的。

俄国十月革命刚刚胜利的时候，象征沙皇反动统治的皇宫被革命军队攻占了。当时，俄国的农民们打着火把嚷道，要点燃这座举世闻名的建筑，将皇宫付之一炬，以解他们心中对沙皇的仇恨，一些革命工作人员出来劝说，但无济于事。

列宁得知此消息，立即赶到现场。面对着那些义愤填膺的农民，列宁很恳切地说："农民兄弟们，皇宫是可以烧的。但在点燃它之前，我有几句话要说，你们看可不可以呢？"农民们一听这话，立即允诺道："完全可以。"

列宁问："请问这座房子原来住的谁？"

"是沙皇统治者。"农民们大声地回答。

列宁又问："那它又是谁修建起来的？"

农民们坚定地说："是我们人民群众。"

"那么，既然是我们人民修建的，现在就让我们的人民代表住，你们说，可不可以呀？"农民们点点头。

列宁再问："那还要烧吗？"

"不烧了！"

农民们齐声答道。

皇宫终于保住了。

说服是谈判过程中最艰巨、最复杂，同时也是最富有技巧性的工作。在谈判的过程中，要创造说服的条件。在一个人考虑是否接受说服之前，他会首先衡量说服者与他熟悉的程度，实际上就是对说服者的信任程度。如果对方在情绪上与你对立，那他是不能接受你的说服的。同时，在说服之前，还要选择好说服的理由和时机，使对方愿意和重视与你交谈。不能用胁迫或欺诈的方法，这样会使谈判陷入危机。

第六章

妙语连珠，扣人心弦

——演讲的艺术

演讲口才作为一种口语表达形式，要求调动有声语言和态势语言的一切积极因素与手段，以达到在大庭广众之中，圆满而艺术地交流思想和表达情感的目的。因为演讲口才优于其他的口语表达形式，所以，演讲口才便具有了比其他口语表达形式更巨大、更突出的语言的魅力。

1. 好的开头是演讲成功的一半

独具匠心的开场白，给人以新颖、奇趣之美，才能给听众留下深刻的印象，才能控制场上的气氛，为接下来的演讲顺利搭梯架桥。

俗话说，“好的开始是成功的一半”，演讲更是这样。无论何种演讲，开头总是关键。

演讲的开场白最不易把握，要想三言两语抓住听众的心，并非易事。如果在演讲的开始听众对你的话就不感兴趣，注意力一旦被分散了，那后面再精彩的言论也将黯然失色。因此，只有匠心独运的开场白，以其新颖、奇趣、敏慧之美，才能给听众留下深刻印象，才能立即控制场上气氛，在瞬间里集中听众注意力，从而为接下来的演讲内容顺利地搭梯架桥。

那么如何做好开场工作，以下几点对演讲者可能有所帮助。

（1）借景生题

一上台就开始演讲，相信很少有人会有兴趣听下去，可以借助眼前的人、事、情、景，把听众融入演讲中来。

1863年，美国葛底斯堡国家烈士公墓竣工。落成典礼那天，国务卿埃弗雷特站在主席台上，只见人群、麦田、牧场、果园、连绵的丘陵和高远的山峰历历在目，他心潮起伏，感慨万千，立即改变了原先想好的开头，而从此情此景谈起：

站在明净的长天之下，从这片经过人们终年耕耘而今已安静憩息的辽阔田野放眼望去，那雄伟的阿勒格尼山隐隐约约地耸立在我们的前方，兄弟们的坟墓就在我们脚下，我真不敢用我这微不足道的声音打破上帝和大自然所安排的这意味无穷的平静。但是我必须完成你们交给我的责任，我祈求你们，祈求你们的宽容和同情……

这段开场白语言优美，节奏舒缓，感情深沉，人、景、物、情是那么完美而又自然地融合在一起。据记载，当埃弗雷特刚刚讲完这段话时，不少听众已泪水盈眶。

（2）引人入胜

演讲时获取听众注意力的方式随题材、听众和场景的不同而改变，一般可以运用事例、逸闻、经历、反诘、引言、幽默等手段达到此目的。

麦克米兰石油公司副总裁迈克斯·艾萨克松在一次演讲的开头便运用了引言和反诘的方法来吸引听众：

“我们都知道，演讲是件很难的事。但是请听听丹尼尔·韦伯斯特是怎么说的吧：‘如果有人要拿走我所有的财富而只剩下一样，那么我会选择口才，因为有了它我不久便可以拥有其他一切财富。’那么，为什么许多有才华的人偏偏害怕演讲呢？”

（3）激发听众兴趣

人们都有好奇的天性，一旦有了疑问就非得弄个水落石出。为了激发听众们的兴趣，可以采用悬念手法，制造悬念，会收到很好的效果。

在对美国会计协会罗切斯特分会的一次演讲中，演讲顾问唐纳德·罗杰斯通过表达他对听众需要的关心而激发起了他们的兴趣。

我今晚要演讲的题目是“信息的透露”。确定这个题目之前，我先是查阅了本地的会计年鉴分册和全国会计协会的学术专刊，然后又询问了我的同事亚历克斯·莱文斯顿和戴夫·汉森：“今晚来听演讲的人都有哪些？他们希望我讲什么？”他们告诉我在座的各位都是些很热心的人，希望我的演讲有趣而富有启发性。

“因此，我将告诉大家一些有用的知识，我也同时希望我的演讲简明扼要，并留给大家一定的提问时间。”

（4）抓紧人心

看看英国文学家纪伯伦在开始演讲时，是怎样逗引听众大笑的。

他所讲的并不是编造出来的故事，而是他自己真实的经历，并且用戏谑的口吻，指出他的矛盾。他说：“诸位，我年轻的时候，一直住在印度，我常常为某家报馆采访刑事新闻，这工作是非常有趣的，因为它使我有机会认识一些伪造货币、盗窃、杀人犯等等这一类富有冒险精神的天才。（听众大笑）有时我采访到他们被审判的情形后，还要到监狱里去拜访一下我那些正在受罪的朋友。（听众又发出笑声）我记得，有一位因为杀人而被判无期徒刑的人，是个很聪明且善于说话的年轻人，他告诉我他的高见：‘我觉得一个人如果一失足跌入罪恶的深渊里，就非得从此为非作歹不可，最后他会以为只有把其他人都挤到邪路上，才可表现自己的正直。’”（听众的笑声和鼓掌同时并起）

（5）直入式开场

演讲时，大多数情况下，演讲者都是某项领域的专家或权威。因此，如果听众对演讲的主题不熟悉或是知之甚少，那么很有必要在开头部分对听众讲述与主题有关的背景知识，它们不仅是听众理解演讲所必需的，而且还可以体现出主题的重要性。

美国空军少将鲁弗斯·L·比拉普斯在夏努特空军基地的一次宴会上做演讲时，就对“黑人遗产周”的有关背景知识及其对美国空军的重要性做了介绍。

我很高兴来到此地，同时我也很感谢应邀和在座各位讨论有关美国黑人问题。为保持和增进民族间的理解，美国各州又开始纪念“黑人遗产周”。在夏努特空军基地，我们庆祝它则可以对美国空军进行完整无缺的教育。

这个已成为美国人民生活一部分的纪念活动，是弗吉尼亚州纽坎顿市的卡特·伍德森最先提出并计划的，他现在被誉为美国“黑人历史之父”。

伍德森先生于1915年成立了“美国黑人生活和历史协会”。后来，他又于1926年发起了“黑人遗产周纪念活动”。

2. 让你的演讲简洁有力

在演讲时，有话则长，无话则短。即使内容充实的演讲，也不宜太长。

演讲语言的短句特色，是指演讲者在演讲中，把本来可以用长句表达的意思变成短句，使演讲语言显得短小精悍、明快有力。

1985年9月底，《上海青年报》记者对上海铁路新客站工地总指挥进行了关于工程什么时候能完成的采访。

总指挥严肃地发表即兴演讲："不超国家预计开支，不误工期！这是我们向党、向人民立的军令状。缩短生命，无所畏惧！延长建设工期，办不到！党，不允许；人民，不允许；我们的年龄，更不允许！……困难再大，我们靠党的领导，人民的支持；问题再多，我们靠设计人员的聪明才智去攻克难关；时间再紧，我们靠创业者争分夺秒的拼搏精神……"

这位总指挥的演讲，斩钉截铁，掷地有声，充分表现了大无畏的英雄气概。在这里，可以看出，总指挥的演讲有一个重要的特点：句子短。

与短句相比，长句无论在气势方面，还是在力量方面都要逊色得多。所以，短句特色是提高演讲效果的一种重要方法。

据不完全统计，善于宣传鼓动的宣传教育工作者李燕杰、曲啸、彭清一、刘吉等的演讲，其句子的长短一般均在八个字左右。

国外的一些演讲大师，如列宁、林肯、丘吉尔等，他们讲的是西方语言，虽然句子稍长些，但也都在十个字（中文译文）以内。

所以，从中外演讲大师的实践来看，短句特色是一种成功的演讲技巧。

从比较的角度考察，书面语言句子长，优点是精确、全面；缺点是呆板和累赘、冗长。而演讲句子短，简洁明快，生动有力，充满生气，在演讲时总有一定的“不言而喻”的情境和语境，表达时可以借助非言语传播手段（如语调、语速、衣着、手势、表情等），所以尽管句子简短，仍能很好地传情达意，而且朗朗上口，有助于记忆，因此能收到很好的演讲效果。

如“人不犯我，我不犯人；人若犯我，我必犯人”“敌进我退，敌驻我扰，敌疲我打，敌退我追”“不是不报，时候未到；时候一到，一切都报”等，也都是长句短说的典型例子。

这些短句，不仅简洁明快，而且能给人以深刻印象，便于记忆，经久不忘。正如恩格斯所说：“言简意赅的句子，一经了解，就能牢牢记住，变成口号，而这是冗长的论述绝对做不到的。”

由此可见，要提高演讲效果，就要注意长话短说，使句子简洁明了，短小精悍。

革命导师列宁在《纪念葛伊甸伯爵》的演讲中，曾用三句长、短句交叉的语言，深刻地揭示了这样三种典型人物：

“意识到自己的奴隶地位而为之作斗争的，是革命家；不意识到自己的奴隶地位而过着默默无言、浑浑噩噩的奴隶生活的奴隶，是十足的奴隶；津津乐道地赞赏美妙的奴隶生活，并对和善的好心的主人感激不尽的奴隶，是奴才，是无耻之徒。”

在运用短句特色时，事先一定要有充分准备，能用短句表达的，决不用长句，或者把长句化为若干短句。在演讲时，若有的句子不宜变为短句，就不必硬性地使用短句，而应注意长、短句的交叉使用，使长、短句相互补充，相得益彰。演讲语言疏密有致，波澜起伏，也能使演讲丰富多彩，吸引听众。

所以，演讲到底是长一些好，还是短一些好，不能一概而论，只要有内容，有感情，长短都可以。不过，在现代交往中，社会节奏快，时间观念强，说话简洁会给人一种生机勃勃的感觉。说出的话自然就有力度，而演讲因其特殊的存在形式，更是如此。

一位作医生的演说者，一天晚上，在布鲁克林的大学俱乐部演讲。那次集会，时间拖得很长，已有很多人上台讲过话了。轮到他演讲时，已是凌晨了。他要是为人机智圆滑一点或是善解人意一点，应该上台说上十几句，然后让人们回家去。但他没有这样做，反而展开了一场长达45分钟的长篇演说，极力反对活体解剖。他还没讲到一半，听众就希望他从窗口摔出去，并摔断某些部位，任何部位都可以，只要能让他住口就行。

演讲最好还是短一些为好，特别是如果本来就没有多少话可说，而喋喋不休，更会让人生厌。即使演讲的内容很充实，如果太长，也会让听众受不了。

林肯在他一生中发表过许多重要演说，但最引人瞩目、评价最高的一次，就是在葛底斯堡为纪念一次战役胜利和庆祝国家烈士公墓建成的大会上的演讲。这次演讲不到3分钟，共10句话。当时，新闻记者甚至连拍照都来不及，他却已经讲完了。但他的演讲观点明确，第一次明确地提出了“民有、民活、民享”的资产阶级民主革命思想，而且逻辑严谨、语言精湛深刻，有极大的鼓动力和号召力。3万多听众发出了经久不息的掌声。连在他之前演讲了两个小时的著名演说家埃弗雷特也写信给林肯承认：“如果我在两个小时内所讲的东西，能稍微涉及你在两分钟内所讲的中心思想的话，那么，我就十分欣慰了。”

与其长而让听众生厌，不如短一些给人留下深刻印象。其实演讲短一些未必不能把问题说清楚，短，一方面能让听众意犹未尽，一方面能表现出演讲者的概括能力。

演讲受听众可接受性的制约，面对听众演讲往往有一定的时间限制，所以修改演讲稿时还须考虑篇幅长短是否符合规定的时限。如果超过规定的时限，应当压缩文字，删减篇幅。倘若不到规定的时限，有必要的话，还要再增加材料、扩充内容。最好是在保持内容完整的前提下，使内容具有一定的伸缩性。这样，临场时，可以根据听众的反应随时做出调整，灵活机动地把握时间。

斯大林在苏联面临德国法西斯疯狂进攻的紧急关头，在莫斯科红场做动员卫国战争的演说，总共才讲了1700多字，用了不到10分钟；恩格斯在马克思墓前的演说，举世瞩目，仅有1200多字，用了五六分钟，却把马克思光辉一生的伟大贡献概括无遗。

美国前总统尼克松，生前做过多次演讲，下面的《人类历史上最珍贵的一刻》，是他诸多演讲中颇具特色的一篇：

“因为你们的成就，使天空也变成人类世界的一部分。而且当你们从宁静海对我们说话时，我们感到要加倍努力，使地球上也获得和平与宁静。

在人类历史上这个最珍贵的一刻，全世界的人都已融合为一体，他们对你们的成就感到骄傲，他们也与我们共同祈祷，祈望你们平安返回地球。”

1969年7月16日，美国“阿波罗11号”宇宙飞船发射成功。7月21日，乘坐该飞船的两名宇航员在月球首次登陆。尼克松的这篇演讲，就是通过电视向他们发表的。但全篇只有百余字，极其简短。

如何使演讲做到简洁有力呢？以下几点禁忌可能对演讲者有所帮助。

（1）忌使用空话套话

有些人一开口就“客套话不断”，少不了客套、谦虚，一分析问题就按老俗套喊空口号，几乎没有有效信息。

（2）忌重复累赘

有些有用的信息由说话人发出后，听众便接受并储存起来了。但说话人却说话啰唆重复，以大同小异的形式多次输出，这些信息就成了多余的了。

（3）忌节外生枝

说话人没有掌握好主题，因此在一些细枝末节上发挥太多，或意已尽而言不止。这些内容虽然也包含不少信息，但却不是主要信息，而是与主题关系不大的次要信息。与主题无关的信息只会增加听众的厌烦心理。

（4）忌口头禅不离嘴

有些人讲话脱不了“口头禅”，什么“这”“那”“对不对”“是吗”等，差不多句句不离口，虽然演讲者并非有意，可对听众来说，不但全是无用信息，而且令人生厌，所以必须戒掉。

3. 情感是演讲生命力的源泉

真情实感是演讲的灵魂，为了表达自己的感情，演讲者必须借用一定的形式，否则感情的表达就不畅快，效果也不会很好。

情感是艺术的灵魂，也是演讲生命力的源泉。“功成理定何神速，速在推心置人腹。”这里的推心置腹就是指话语真诚。所谓真，是指不矫揉造作，不言辞虚浮，能够保持说话人的自我本色。所谓诚，就是真心真意、不掩盖、真情流露。

一次余秋雨先生在四川大学做演讲，述及他的一位上海音乐学院的朋友之死的情景，他深情地讲道：他的两个学生正在国外，听说老师病危，中止合同，飞回上海，为老师临终演出。那一天，有着许多毛病的上海人，正如我曾多次写过的一样，都激动起来、崇高起来，好多不懂音乐的人也买票去听。小学生们的家长对记者说：“带他们来，是为了让他们明白什么叫音乐，什么叫老师……”几天后，这位教授死了，龙华附近花店的花一售而空。病房里堆满了鲜花，楼梯上一层一层地叠满了鲜花……

这发生在现实生活中感人的一幕，使听众分明感受到，那曾经在上海的带了几分悲怆和崇高的气氛，此刻就弥漫在演讲会场。听众的灵魂在演讲者动情的讲述中得到了净化和升华，产生了强烈的心理共鸣。

在话语交际过程中，要使对方感受到情感的真实，说话人的话语一定要受到发自内心的充沛的情感支配。一位作家曾说：“说话人装着对自己所说的话毫无情感，把自己隐藏在幕后，也不理睬听众是谁，不偏不倚、不痛不痒地背诵一些冷冰冰的条条儿，玩弄一些抽象概念，或是罗列一些干巴巴的事实，没有一丝的人情味，这只能是掠过空中的一种不明来历去向的声响，所谓‘耳边风’，怎能叫人发生兴趣，感动人，说服人呢？”

正当希腊面临马其顿王国的入侵，而遭遇亡国和失去自由的危机的时候，希腊著名演说家德摩斯梯尼曾经做过一次著名的演说，他的每一句话，每一个词语都充满着发自内心的极为丰富的爱国主义情感，他热情洋溢地说：“即使所有民族同意忍受奴役，就在那个时候，我们也应当为自由而战斗。”

从这洋溢着爱国热情的词句中，人们看到了一颗真挚的拳拳之心，因而他的演讲，激励了无数的希腊人从聆听演说的广场直接奔赴战场，连向家人作一声道别也认为耗费了时光。他的敌人，马其顿的国王腓力见到这篇演说词，也不由感慨地说："如果我自己听过德摩斯梯尼的演说，连我也要投票赞成他当我的反对者领袖。"

感人心者莫先呼情。唯有炽热的情感，才会使"快者掀髯，愤者扼腕，悲者掩泣，羡者色飞"。演说如果感情不真切，是逃不过成百上千听众的眼睛的。

美国著名政治家林肯非常注意培养自己真诚的品格。

1858年，他在一次竞选辩论中说："你能在所有的时候欺瞒某些人，也能在某些时候欺瞒所有的人，但不能在所有的时候欺瞒所有的人。"

无哗众取宠之心，有实事求是之意，才能取悦于你的演讲对象，使他们接受你的思想。一个演说者如果讲话华而不实，只追求外表漂亮，开出的只能是无果之花。若缺乏真挚而热烈的情感，只是用"人工合成"的感情，虽然能欺骗听众的耳朵，却永远骗取不到听众的心。因为心弦是不会随随便便地让人拨动的。若要使人动心，必先使己动情。著名演说家李燕杰说："在演说和一切艺术活动中，惟真情，才能打动人心，使听众信服。"

第二次世界大战期间，英国首相丘吉尔在对秘书口授反击法西斯战争动员的讲稿时，"像小孩一样，哭得涕泪横流"。他的这次演说动人心魄，极大地鼓舞了英国人民的斗志。

真情是演说最好的技巧。在演说中，唯有真诚的情感，才能产生巨大的影响，才能唤起群众的热诚，才有震撼人心的力量。美国有位小说家说得好：“热情是每个艺术家的秘诀，而每位演说家都应当是一位艺术家。这是一个公开的秘诀。这如同英雄的本领一样，是不能拿假武器去冒充的。”情不深，则无以惊心动魄，无以得到别人赞同。

有位大学生发表演说时有这样一段话：

“在生活中有棱角的人常常遭人非议；而我认为，一个不被争议的人，是个近乎平庸的人。世界在非议中被认识，真理在非议中被确立。一个真正干事业的人，往往由于被激烈地争议，反而更强烈地闪耀出心灵的光辉！”

这段谈论受主观感情的支配，不需要交代论据，也不需要论证，它在抒情中洋溢着演说者或悲或喜、或憎或爱的情感，流露出演说者的思想，因而获得了人们热烈的掌声。

4. 掌握演讲的艺术手法

要掌握正确的演讲口才培训方法，必须寻求科学的训练途径。有了这些，再加上刻苦的实践，就能尽快提高演讲者的能力。

以下是培训演讲口才的简单方法：

（1）幽默生动，耐人寻味

幽默的含义是有趣或可笑而又意味深长。如果只有前者，即只是有趣或可笑，而并无深刻的含义，则不是幽默，只能称作滑稽或噱头。幽默作为一种最生动的表现手法，也大量被用在演讲中。

有许多人喜欢在演讲开始时使用幽默，借以打破沉闷的局面，拉近演讲者和听众的距离。演讲过程中使用幽默，更能使你的演讲情趣盎然，引人入胜。

例如：普列汉诺夫有一次在日内瓦做演讲，当时会场乱哄哄的，几乎使演讲不能继续下去。这时，普列汉诺夫双手交叉放在胸前，目光扫视着会场。当台下逐渐平静了些时，他大声说："如果我们也想用这种武器同你们斗争的话，我们来时就会……（他停顿了一下，大家以为他会说，带着炸弹、武器、棍棒，然而他说出的话却出人意料），我们来时就会带着冷若冰霜的美女。"此语一出，整个会场笑声一片，甚至连一些反对者也笑了起来。这时，普列汉诺夫抓住时机，话头一转，将演讲引入了正题。

据说林肯枕边经常放着一本《哈罗笑话集》，他能熟练地把幽默恰如其分地应用到自己的演讲中去，被美国人民称为"最伟大的总统"。

莎士比亚说："幽默和风趣是智慧的体现。"健全、热情、具有人情味的智慧就是最好的幽默，这种幽默的正确使用，会使我们的演讲魅力无穷。

（2）格言警句，增光添彩

哲理法一般是指格言、警句在演讲中的运用。人们对具有启迪睿智和含有深刻哲理的语言，称为格言警句。它是人们对待事物与人生认识的高度概括和总结，它比一般的道理更深刻、更凝练，更富有启迪作用。

例如：胡适的《毕业赠言》中有这样一段话：

诸位，11万页书足以使你成为一个学者了。可是，每天看三种小报也得费你1点钟的工夫，四圈麻将也得费你1点钟的光阴。看小报呢？还是努力做一个学者呢？全靠你自己的选择！

易卜生说："你的最大责任是把你这块材料铸成成品。"

学问便是铸器的工具。抛弃了学问便是毁了你自己。

再会了！你们母校眼睁睁地要看你们10年之后成什么器。

一位著名作家曾经说过："要有光，太阳的光是不够的，还要有心灵的光。"我们英雄战士的信念，不就是这种心灵的光吗？

（3）故事穿插、喜闻乐见

穿插法，是指演讲者为了更好地阐述自己的观点和主张，在演讲中穿插一些故事、笑话、趣闻、诗词、歌曲等的方法。这种方法能活跃气氛、激发听众情绪，能使理论深入浅出，给听众留下深刻的印象。

例如，姜昆在《理想纵横谈》演讲中，讲了这样一件新奇的事情：

有一个工厂曾经用行政命令的方式，规定青年工人的裤腿不许小于六寸五。结果第二天，有人就在厂门口贴出一则广告：本厂职工为响应领导关于抵制“瘦裤腿裤子”之号召，特成立民族服装店，承做中国传统之抿裆裤。（大笑）本抿裆裤男女皆宜、前后不分，（笑）穿着方便、黑白分明，穿时不用裤带，只需将小腹收起，屏住呼吸，左右一抿，往里一掖，放松肚皮即可，（大笑、鼓掌）像这样的广告当然是由于不正当的行政命令造成的。

这既是怪诞的笑料，引起哄堂大笑，又能引发人们的思考，给人许多启示。

从以上事例可以看出，演讲者使用穿插法，其作用除了使事理更为形象、深刻外，还能调节现场的气氛，增加听众的兴趣，从而获取最佳的演讲效果。

（4）情深意切，催人泪下

抒情法就是演讲者在演讲中，以抒发自己的感情来引起听众共鸣的方法。演讲中，善于并巧妙地运用情感，对听众不仅晓之以理，而且动之以情，从而增强演讲的感染力，激励听众投入行动。

作为演讲口才培训方法之一的抒情法，一般可分为直接抒情和间接抒情两种。

直接抒情，它是强烈的、集中的、鲜明的，没有隐讳，直抒胸臆，风格明快。

振鹏在他的《欢迎你到宝鸡来》的演讲中这样说：

掀开历史堆积在我们身上的层层黄土，凭着西北汉子特有的大嗓门，唱着粗犷豪放的关中道情，我来了！从一个远古的神话传说中，从二郎神杨戬的脚下，像一只直插云霄的金鸡，我飞进了祖国的这一片繁华之乡，锦绣之地。

这是融情于理的抒情。演讲者的真挚恋歌句句唱在情与景交融的主旋律上，使听众对这座八百里秦川西部、秦岭之阴、渭水之滨的明星古城留下了难以磨灭的印象。

李燕杰的演讲中，善于用情理交融的手法，抒发深切的感情，阐明深刻的道理。例如有一次谈到“爱情真谛”时，举了《红楼梦》中宝玉与黛玉的爱情故事：

为什么宝玉把爱情转移到了潇湘馆呢？这不仅仅是因为黛玉有妩媚的容貌，更主要的是黛玉追求高尚的精神生活，有与腐败的现实生活相悖的丰富内心世界。是因为他俩有共同的理想，共同的爱憎，共同的语言。他俩相亲相爱，黛玉每天用高尚的、纯洁的、专一的爱情影响着宝玉；宝玉每天用自己美好的心灵影响着黛玉。正如王熙凤所说，黛玉如同一盏美人灯，这盏小灯是不用油点燃的，而是用她的爱情和辛酸。在那漫长的如漆一般的封建黑夜里，正是这盏灯，照亮宝玉的爱情道路，使宝玉的精神境界得到升华。

在这里，作者以其准确精练的语言，道出了一个天经地义的爱情道理，这仿佛是一曲人性的颂歌，催人上进。

（5）制造悬念，刺激听众

悬念法是指演讲者在演讲中有意提出问题，设置疑问，引而不发，以激发听众的好奇心和求知欲的艺术手法。

悬念法经常用在演讲的开头，以引起听众好奇，吸引听众注意，促使听众积极思考。

例如，复旦大学曾举行过“青年与祖国”的演讲比赛，前面有五六个同学讲过了，会场始终嘈杂不堪。

最后一位同学上场，开头就说：“我想向诸位提一个问题。”

这时会场开始静下来，接着演讲者又说：“谁能用一个字概括青年和祖国的关系呢？”

这时的会场便十分安静了，演讲者按照既定的准备讲了下去。

演讲中巧设悬念，常用设问的手法。设问是一种无疑而问，也能使听众产生悬念。例如，周乐彬的演讲《“美人”——中国的脊梁》，别开生面地叙述了42岁的男性公民，北京《辅导员》杂志评选出的全国“四大美人”之一——湖南省隆回县建华乡少先队辅导员阳恩成筹资办学的事迹。作者在演讲中发问：

同志们，什么叫美？阳恩成用自己的人生实践回答了美的概念，唱了一首最美的歌，写了一首最美的诗，给共产党员做了一个关于“美”的标准答案：美，就是给予；美，就是奉献；美，就是“要求于人的甚少，给予人的甚多”；美，就是“吃的是草，挤出的是奶、是血！”

设置悬念的方法很多，我们必须精心选择既能扣住演讲主题，又能激发听众的好奇心和求知欲的话题，作为悬念法的依托，充分发挥悬念在演讲中的应有作用。

5. 学会控制现场的氛围

在演讲当中，常会遇到不同的情况，这就要求演讲者要学会控制会场的氛围，具备调配互动的能力。

演讲者要想取得良好的演说效果，还应该具有应变和控场能力。即善于临场察言观色，以便把握住听众的心理变化、兴趣要求，及时修正、补充自己的演讲内容，为演讲成功打下良好基础。

著名演讲家刘景斓讲述了他自己的亲身经历：

有一次在三峡演讲，那是多年前，那个地方会场非常简陋，糟糕到什么程度呢？下大雨，那个楼底下开始漏雨了。有人提出后面开始淋雨了，也就是说有二十个人的那块区域，人根本没法听课。这个时候，我首先把大家调整到前面，后面呢？采取一些方法，把它修补。

还有一次在西郊宾馆，现场50多人，突然停电了，夏天7月份，非常炎热，没有空调了。大家很担心，这么多人，万一有什么状况怎么办？

我开始大声讲了："在座的各位，停电是考验一个人自我情绪控制的最佳时机。从现在开始，我们开始计时，训练每个人自我情绪控制能力，坐在这里不要动，做深呼吸，然后开始思考，这一天我们学到了什么东西，找一页空白的纸，把它写下来。"二十来分钟以后，电突然来了，每个人打开纸发现，写了好几页，又学习，又成长，又体验。

对于现场出现的突发事件，大多是我们事前没有预料到的，这就需要演讲者临场发挥，避免尴尬局面。

美国大律师赫尔有次为当事人辩护，不小心摔倒在台角，衣服撕开了口，帽子也掉了。出现这样的情况是律师的不幸，本来听众应该安静，给予同情，可下面却爆发出笑声、掌声和口哨声。这时，赫尔很镇静地走到中间，微笑着向听众说：

“对不起，各位，此时此刻，我太激动了。一是为我的当事人，二是为了大家，激动得使我手足无措。衣服破了不要紧，帽子掉了不要紧，只要真理在心中。”

律师面对听众的嘲讽，不是针锋相对，而是及时化解。话一出口，台下掌声乍响，此时的掌声是发自内心的。

那么，一个成功的演讲者需要哪些应变与控场能力呢？

（1）控制感情，掌握分寸

当发生意外情况时，要镇静，要有好的心理素质，能控制感情，掌握分寸。不要在讲台上惊慌失措，更不要因急躁而冲动行事。

（2）从容答题，妙语解脱

演讲时，常有听众提出较尖锐的问题，欲“把你逼上绝路”，这时候该怎么办呢？要学会从容地回答听众提出的问题，特别是那些乍看起来十分棘手的问题。有的人采取压制的方法，发火批评，喊“别吵了，安静下来”，这样只会使自己陷入窘境。有的人则采用以诚相待、妙语解脱的办法，变被动为主动。

（3）巧妙穿插，活跃气氛

如果会场沉闷，要尽快调节，巧妙穿插，活跃气氛。演讲者使用穿插的方法，除了把事理说得更形象、更深刻外，还可活跃现场气氛，增加听众兴趣。比如，讲个笑话、讲个故事、谈点趣闻、唱支歌等。

（4）将错就错，灵活处理

要想在演讲中避免说错话是相当困难的。如果一旦出错，在这种情况下最忌讳两点：一是搔头挠耳，二是冷场过久。有人观察得出这样的结论：在演说过程中冷场15秒以上，听众群中就会有零星笑声；冷场30秒以上，就有少数听众的笑声；冷场时间再长一点，听众就会普遍不耐烦了。

演讲过程中，如果是漏了个别字句的小错误，只要无伤大雅，不予更改为好。如果是讲了一段之后突然忘了下一段该说什么，那该怎么办？卡耐基介绍了几种方法，我们可以借鉴一下：

① 就地换掉话题，用上段结尾中的句子来发挥；

② 向听众提出问题；

③ 如果实在是大脑一片空白，就应该临时编一段较完整的结束语，有礼貌地结束。

6. 引经据典，画龙点睛

名言和警句是对生活哲理的概括，一方面反映出人对生活的认识，另一方面也反映出人对生活的态度。

卡耐基说：“我在孩童的时候常拿一根棍子，去横在一群羊要经过的门口来玩。当前面几只羊跳过了棍子，我就把棍子拿去，后面的羊，走到门口的时候，还是跳一下，一如前面的羊跳过棍子一样。它们要跳一下的原因，就是因为前面的羊跳的缘故。这并不是羊特有的现象，差不多人也是这样，大家常常在不知不觉中模仿别人的所作所为，信仰别人的信仰，并毫无疑问地接受名人所讲的一切。”所以，可以引用名人的话来增强演说的说服力。

陆机在《文赋》中说：“立片言而居要，乃一篇之警策。”也就是说，在文章的关键处要用一句或几句警句来点明题旨，是最容易打动人的。一个没有生活体验的人是无法恰如其分地使用名言和警句的，而那些善于思考的作家，他们的作品语言精美、思想深邃，给人的印象总是深刻的，对人的内心冲击总是很强烈的。

名言警句对于深化演讲主题有重要的作用，但在演讲中引用名言警句应该注意以下几个方面：

（1）要引用原文，不要以讹传讹；

（2）要全面领会原文，不要把意思搞反；

（3）要反复查明原文是谁说的，不要张冠李戴；

（4）少用“据权威人士说”之类的话；

（5）要引用“受欢迎的”名人的话；

（6）要引用当地名人的话；

（7）要引用有资格讲这话的人所说的话。

同名言警句一样，寓言典故也是言简意赅，内涵深刻的。在相同的境况下，运用寓言和典故也是很有说服力的。古人就常用寓言来表述自己的观点。梁惠王曾问孟子：“我对治理国家可谓费尽心机，可是考察一下邻国没有一个君主像我这样对待百姓的，为什么邻国的百姓不见少，而我的百姓却不见多呢？”孟子说：“大王喜爱战争，让我用战争做比喻吧。两军交战的时候，有两个士兵弃甲而逃，一个跑了五十步就停下来，另一个跑了一百步才停下来，因为自己跑了五十步就笑话跑了一百步的人对不对呢？”梁惠王说：“不对，跑五十步只不过还没跑一百步罢了，但这也是逃跑呀！”孟子说：“大王如果懂得了这个道理，那就不要希望你的百姓增加了。”孟子在这里批评梁惠王的意图已经很明显了，意即你梁惠王的“政绩”与别的国王没有什么大的差别，老百姓在哪里都是一样的。

在演讲的时候，可以借用古人成功的经验，因而“引经据典”已经成为我们论证的固定形式之一。但引经据典一定要注意下面的问题：

（1）由于“经”“典”大都是文言文，所以应尽量翻译成白话文，若是直接穿插文言文，恐怕听众自己还有个反省、暗译的过程，这样会影响听讲的效果，所以这个程序一般都应由演讲者来完成。

（2）翻译应尽量坚持直译，如果直译确有困难，可以采取变通手法，把直译和意译结合起来。引经据典一定要贴切。

（3）抓住寓言和典故的核心与本质，删除不必要的重复和陪衬，尽量使寓言和典故短小精悍，以便能说明问题。

为了给演说增加文采，增加动人的力量，可以适当地在演说中用诗词名句作装饰，选用的诗词一定要贴切、恰当，引用适当的诗词名句可显示你的文采和修养。

有一位英国爵士，在某次晚宴上，发表了一个轻松的演说，他在结尾时说道：你们回去之后，就会寄给我一张明信片的。即使你们不寄的话，我也要给你们每位寄一张，而且你们很容易猜到是我寄的，因为在上面我不贴邮票，（众笑声）我将在上面写着：

季节自来自去，
万物按时凋零，
唯有那——我对你们的仁爱，
永远像鲜花般的艳丽芬芳。

用一首诗来结束这场轻松欢快的演说，别有情趣，增添了宴会的欢乐，也增进了宾主的友谊。但若一篇严肃的演说结尾也引用这首诗，就显得不伦不类，适得其反。所以，名人的话、古今的格言、诗词佳句都可用在演说中，但一定要用得恰当。

《吕氏春秋》说得好：“文章无警策，则不足以传世，盖不能感动世人。”诗词是语言宝库中经千锤百炼筛选出的精辟之词，因而它有久远的生命力。名人、大师、英雄人物的格言和诗句，容量大，力度大，适当引用，有画龙点睛之妙。如有人在演说中，引用了革命烈士李大钊的一段“无限的‘过去’都以‘现在’为归宿；无限的‘未来’，都以‘现在’为‘渊源'，过去、未来的中间，全仗有现在，以成其连续，以成其永远，以成其无始无终的大实在。"说明青年一代继往开来，任重道远，具有催人奋发的力量。这样的一句话可以胜过普通言语的十句百句，而且足以打动听众，沟通演讲者和听众间的感情。

7. 在结尾时激发高潮

结尾是走向成功的最后一步。把握得好，就会给听众留下深刻的印象；把握不好，就会功亏一篑，令人扫兴。

结尾和开头一样，同样最能显示演讲者的演讲艺术，是演讲中最具战略性的一点。俗话说得好："编筐编篓，全在收口。"演讲的结尾是对整个演讲的总结，它承担着收拢全篇的任务，因此，其意义是非常大的。演讲的结尾要既有文采又坚定有力，既概括全篇又耐人寻味，才能使全篇演讲得以升华，收到良好的效果。

激发高潮是很普遍的结束方法。这通常很难控制，但是如果处理得当，效果就会好得出乎意料。整个演说逐步向上发展，在结尾时达到高峰，句子的分量也愈来愈重。

例如，林肯赞美尼亚加拉瀑布的演说，就是如此。

"这使我们回忆起过去。尼亚加拉瀑布与人类的远祖同期，但比第一位人类更久远。今天，它仍和一万年以前一样声势浩大。早已死亡，只有从骨头碎片才能证明曾经生存在这个世界上的史无前例的巨象，也曾经看过尼亚加拉瀑布。在这段漫长无比的时间里，这个瀑布从未静止过一分钟，从未干枯、从未冻上过、从未合眼、从未休息。”

这个结尾给人的感觉是一浪高过一浪，使人心里难以平静，思维由演说者牵着往前走。

讲演结尾的要求大致可以归纳成以下三点：

（1）总结观点，在深刻印象中结束全篇

当演讲基本完成，听众对你的观点、态度以及讲述的有关知识基本上已经掌握时，就必须考虑结束了。也就是该“收口”了。“收口”是从视觉上、听觉上给听众留下最后的印象，将在听众的大脑屏幕上“定格”。所以，“收口”的好坏直接决定了听众对整个演讲的印象。精彩的结尾往往能弥补一些不足，可以强化听众的总体印象。只要我们留意一下，便会发现古今中外的演讲家对结尾都是很重视的。

卓别林是著名的喜剧大师，也是出色的演讲家，他在1943年所作的《要为自由而战斗》的演讲中，痛斥了妄图奴役人民的“野兽”，最后他用直接呼告的形式给听众留下不可磨灭的印象：

“哈娜，你听见我在说什么吗？不管你在哪里，你抬起头来看呀，哈娜，乌云正在消散，阳光照射进来！我们正离开黑暗，进入光明！我们正在进入一个新世界——一个更可爱的世界。那里的人将克服他们的贪婪、他们的仇恨、他们的残忍。抬起头来看呀，哈娜，人的灵魂已长了翅膀，他们终于要振翅飞翔了。他们飞到了霓虹里——飞到希望的光影里。抬起头来看呀，哈娜！抬起头来看呀！”

（2）戛然而止，意味深长

演讲到达高潮时，听众的大脑皮层高度兴奋，情绪饱满，注意力集中，这时果断收尾，能给听众留下深刻的印象。

美国作家约翰·沃尔夫曾说过：“演讲最好在听众兴趣未尽时戛然而止。”

在美国独立战争前夕，国务卿裴特瑞克·亨利在弗吉尼亚州议会上的演讲就是采用这种方法结尾的：“我们的同胞已经身在疆场上，我们为什么还要站在这里袖手旁观呢？先生们希望的是什么？想达到什么目的？生命就那么可贵？和平就那么甜美？甚至不惜以戴锁链、受奴役的代价来换取吗？全能的上帝啊，阻止这一切吧！在这场战斗中，我不知道别人会如何行事，至于我，不自由，毋宁死！”

亨利以“不自由，毋宁死”六个字戛然而止，使全场愕然，随后即响起“拿起武器”的呼声，“不自由，毋宁死”则成了美国人民争取独立自由的伟大誓言。

（3）借用名言警句结尾

在所有的结尾方法中，如果能找到合适的名言警句做结尾，那是最理想不过的。它将产生最合适的“风味”以及庄严气氛，将表现出你的独特风格，产生美的感受。

第七章

以理服人，攻心为上

——说服的艺术

说服之难不在于见多识广或表达之雅，而在于看透对方的心，并在此基础上巧妙地表达自己的看法。好口才的人，总能流利地把自己的思想、意见准确地表达出来，这种人往往受到大家的欢迎，很容易达到预定的目的。在说服的过程中，要想使说服卓有成效，就必须要懂得如何揣测别人的心理。懂得如何揣测对方的心理，才是劝说别人的技巧。

1. 一开始就让对方说“是”

说服最考验一个人的口才能力。你说的话要起一个引导的作用，启发别人按你的要求去感觉、去做、去想，把别人的思维导入你的思路。这样说话才是最棒的说服技巧。

说服过程中，一个否定的反应是最不容易突破的障碍，当一个人说“不”时，他所有的人格尊严，都要求他坚持到底。也许事后他觉得自己的“不”说错了，然而，他必须考虑到宝贵的自尊。既然说出了口，他就得坚持下去。因此一开始就使对方采取肯定的态度，是最最重要的。

这种强调彼此是为相同的目标而努力。使用“是！”的方法，使得纽约市格林威治储蓄银行的职员詹姆斯·艾伯森挽回了一名即将失去的主顾约翰先生。

约翰要开一个户头，艾伯森先生就给他一些平常表格让他填。有些问题他心甘情愿地回答了，但有些他则根本拒绝回答。

在研究做人处世技巧之前，艾伯森一定会对约翰说：“如果您拒绝对银行透露那些资料的话，我们就无法让您开户头。”当然，像那种断然的方法，会使自己觉得痛快，因为表现出了谁是老板，也表现出了银行的规矩不容破坏。但那种态度，当然不能让一个进来开户头的人有一种受欢迎和受重视的感觉。

那天早上，艾伯森决定采取一点实用的普通常识。他决定不谈论银行所要的，而谈论对方所要的。最重要的，他决定在一开始就使客户说“是，是”。因此，他不反对约翰先生，而是说：“您拒绝透露的那些资料，也许并不是绝对必要的。”

“是的，当然。”约翰回答。

“你难道不认为，把你最亲近的亲属名字告诉我们，是一种很好的方法，万一你去世了，我们就能正确并不耽搁地实现你的愿望吗？”艾伯森又问。

约翰又说：“是的。”

接着，他的态度软化下来，当他发现银行需要那些资料不是为了自己，而是为了客户的时候，他改变了态度。在离开银行之前，约翰先生不只告诉艾伯森所有关于他自己的资料，还在艾伯森的建议下，开了一个信托户头，指定他母亲为受益人，而且很乐意地回答所有关于他母亲的资料。

记住：若一开始你就让对方说“是”，他就会忘掉你们争执的事情，而乐意去做你所建议的事。

以下是一个希望儿子考上大学的母亲，为了期待改变儿子吊儿郎当的态度而与他进行的对话：

“高考迫在眉睫了，你非加紧用功不行！你看看你，成天只知道弹吉他，这样下去不行啊！唉，真不知道你心里是怎么想的！”

“哼，怎么想？我觉得读不读大学都无所谓。那些书呆子们拼了命考上一流大学，进了大企业，结果又怎样？

像爸爸，在公司做那么久了，还不是一遇裁员就立刻失业啦！”

“话不能那么说呀！虽然爸爸今天是被裁员了，可是这许多年来我们家的生活水准不都是在中等之上吗？这些你是知道的。你从小学开始就一直就读重点学校，你想要的东西又有哪一样没买给你？这些都是你爸爸的功劳，全都因为他上过一流大学，进了大企业的缘故呀！你想想看要不是你爸爸，我们家会变成什么样子呢？根本就不可能像现在日子过得这么舒服！”

“知道啦！可是我喜欢玩音乐，想试一试究竟自己能不能靠它闯出一番局面来，就算不成功我也不会后悔的。”

“音乐？我知道你喜欢音乐，但这只能当作兴趣而已。要想成为音乐家是要有特殊天赋的。你确定自己有天赋吗？就算你有天赋，还得加上长期不断的训练。而且你能玩上十年的音乐吗？能吗？”

“说的也是……但我还是想试试。”

“喜欢归喜欢，放弃考大学而玩音乐，毕竟太冒险！音乐进了大学也还可以玩。只要上了大学，你想干什么就干什么，也不至于在日后才后悔呀……”

“嗯，知道了。”

这位母亲的说服相当成功。她巧妙地利用了儿子自己对于放弃大学而专玩音乐的潜在不安全感，让他明确感受到危机所在。

为了说服对方，要尽可能使对方在开始的时候说“是的，是的”，尽可能不使他说“不”。

2. 巧妙引导使对方“就范”

有些人说服人经常犯的弊病，就是先想好几条理由，然后去和对方辩论；还有的是站在长辈的立场上，以教训人的口吻，指点别人该怎么做。这样一来，就是等于先把对方推到错误的一方，因此，效果往往不好。

当一个人认为自己可能会被人指责时，不妨先数落自己一番，当对方发觉你已承认错误时，便不好意思再指责你了。如当你有求于对方时，一开始你就说：“我这可能是无理的要求”，“我说这些话可能有点啰唆”或“我说的话虽是过分点”。此时，即使你说的话确实令对方感到厌烦，但对方也不会因此当面指责。如果反复使用，反而会加强效果，使对方轻易听完你的要求，并接受你的要求。

美国心理学家卡耐基常常带一只叫雷斯的小猎狗到公园散步。因为他们在公园里很少碰到人，又因为这条狗友善而不伤人，所以他一般不给雷斯系狗链或戴口罩。

有一天，他们在公园遇见一位骑马的警察。警察严厉地说：“你为什么让你的狗跑来跑去而不给它系上链子或戴上口罩？你难道不知道这是犯法吗？”“是的，我晓得。”卡耐基低声地说：“不过，我认为他不至于在这儿咬人。”

“你不认为，你不认为！法律是不管你怎么认为的。

它可能在这里咬死松鼠，或咬伤小孩。这次我不追究，假如下次要被我碰上，你就必须跟法官解释了。”

卡耐基的确照办了。但是，他的雷斯不喜欢戴口罩，他也不喜欢它那样。一天下午，他和雷斯正在一座小山坡上赛跑，突然，他看见执法大人正骑在一匹红棕色的马上。

卡耐基想，这下栽了！他决定不等警察开口就先发制人。他说：“先生，这下你当场逮到我了。我有罪，你上星期警告过我，若是再带小狗出来而不替它戴口罩，你就罚我。”

“好说，好说。”警察回答的声调很柔和，“我晓得在没人的时候，谁都忍不住要带这样的小狗出来玩。”

“的确忍不住。”卡耐基说道，“但这是违法的。”

“哦，你大概把事情看得太严重了。”警察说，“这样吧，你只要让它跑过小山，到我看不到的地方，事情就算了。”

卡耐基正是运用了“先行自责法”说服技巧，使警察觉得自己受到尊重，从而表现出宽容的态度。

在说服、劝导别人时，要注意环境和气氛，以强化说服的效果。

例如，1890年，美国著名的幽默作家马克·吐温等一行20来人参加道奇夫人的家宴。不一会儿，就出了大宴会经常发生的情况：人人都在跟旁边的人谈话，而且同一时间讲话，慢慢地，大家便把嗓音越提越高，拼命想叫对方听见。

马克·吐温觉得有伤大雅，太不文明了。而如果这一时间大叫一声，让人们都安静下来，其结果肯定会惹人生气，甚至闹得不欢而散。怎么办呢？

马克·吐温心生一计。便对领座的一位太太说："我要把这场骚乱镇下去。我要让这场吵闹静下来，法子只有一个，可是我懂得其中奥妙。您把头歪到我这边来，仿佛对我讲的话非常好奇。我就这样低声说话。这样，旁边的人因为听不到我说的话，就会想听我的话。"

"我只要叽叽咕咕一阵子，你就会看到，谈话会一个个停下来，便会一片寂静，除了我叽叽咕咕的声音外，其他什么声音也没有。"

接着，他就低声讲了起来："11年前，我到芝加哥去参加欢迎格兰特的庆祝活动时，第一个晚上设了盛大的宴会，到场的退伍军人有600多人。坐在我旁边的是某某先生，他耳朵很不灵便，有了聋人通常有的习惯，不是好好地说话，而是大声地吼叫。他有时候手拿刀叉沉思五六分钟，然后突然一声吼叫，会吓你一跳。"

说到这里，道奇夫人那边桌子上起义般闹哄哄的声音小下来了，然后寂静沿着长桌，一对对一双双蔓延开来，马克·吐温用更轻的声音一本正经地讲下去：

"在某某先生不作声时，坐在我对面的一个人对他临座讲的事快讲完了。说时迟，那时快，他一把揪住她的长头发，她尖声地叫唤，哀求着，他把她的脖子按在他的膝盖上，然后用剃刀可怕地猛然一划……"

到这时候，马克·吐温的叽叽咕咕声已经达到了目的，餐厅里一片寂静。马克·吐温见时机已到，便开口说明为什么他要玩这个游戏，是请他们把应得的教训记在心头上，从此要讲些礼貌，顾念大家，不要一大伙人同声尖叫，让大家一个人好好地讲话，其余的人好生听着。

他们同意了马克·吐温的意见，晚上其余时间里，大家都过得高高兴兴的。

说服别人最基本的要点之一，就是巧妙地诱导对方的心理或感情，以使他人就范。如果说服的一方特别强调自己的优点，企图使自己占上风，对方反而会加强防范心，所以，应该注意先点破自己的缺点或错误，暂时使对方产生优越感，而且注意不要以一本正经的态度表达，才不会让对方乘虚而入。

说服人的方法和技巧很多，以下几种是比较实用和简便的：

（1）用高尚的动机激励他

在一般情况下，每个人都崇尚高尚的道德、正派的作风，都有起码的政治觉悟和做人道德。所以，在说服他人转变看法的时候，一个有效的办法就是，用高尚的动机来激励他。比如说这样做将给国家、公司带来什么好处，或将给家庭、子女带来什么好处，或将对自己的威信有什么影响，等等。这往往能够很好地启发他，让他做应该做的事。

（2）用热忱的感情感化他

当说服一个人的时候，他最担心的是可能要受到的伤害。因此，在思想上先砌上了一道墙。在这种情况下，不管你怎么讲道理，他都听不进去。解决这种心态的最有效的办法就是，要用诚挚的态度、满腔的热情来对待他，在说服他的时候，要用情不自禁的感情来感化他，使他从内心受到感动，从而改变自己的态度。

（3）通过交换信息促使他改变

实践证明，不同的意见往往是由于掌握了不同的信息所造成的。有些人学习不够，对一些问题不理解；也有些人习惯于老的做法，对新的做法不了解；还有些人听人误传，对某些事情有误解，等等。在这种情况下，只要能把信息传给他，他就会觉察到行为不是像原来想象的那么美好，进而采纳说服者的新主张。

（4）激发他主动转变

要想让别人心甘情愿地去做任何事，最有效的方法，不是谈你所需要的，而是谈他需要的，教他怎么去得到。所以有人说："撩起对方的急切意愿，能做到这一点的人，世人必与他同在；不能的人，将孤独终生。"

探察别人的观点并且在他心里引起对某项事物迫切需要的愿望，并不是指要操纵他，使他做只对你有利而不利于他的某件事，而是要他做对他自己有利，同时又符合你的想法的事。这里要掌握两个环节：一是说服人要设身处地地谈问题，要把别人的事当作彼此互相有利的事来加以对待；二是在促使他行动的时候，最好让他觉得不是你的主意而是自己的主意。这样他会喜欢，会更加主动和积极。

（5）注意平时的交往

被说服者是否接受意见，往往和他心目中对说服者的"期望"心理有关。说服者如果威望高，一贯言行可靠，或者平时和自己感情好，觉得可以信赖，就比较愿意接受他的意见；反之，就有一种排斥心理。所以作为说服者，平时要注意多与被说服者交往，和他们建立深厚的感情，这样在工作的时候，就能变得主动有力。

3. 设身处地为对方着想

说服的最佳结局是双方达成共同认识，而启发对方进行心理位置互换，让对方设身处地地体验别人心理，主动调整自己的态度和行为方式，这是达到这一目的的行之有效的方法之一，这种方法就是将心比心术。

所谓将心比心，就是设身处地为对方着想，帮助对方分析情况，权衡利弊得失，讲清利害关系，使其同意你的主张和观点。关键要抓住根本利害关系以说之，且不说对国家、对社会的利害如何，就是只从个人实实在在的得失考虑，也应该趋利避害，以接受你的说服为上策。一个人处在某种利害关系之中，对某个问题看不清，盲目行动，甚至危害自己的利益而不知。只要一经点破，即会恍然大悟，接受劝告，改变原来的主张。说服要设身处地地考虑对方的利益，诚心诚意地替对方着想，然后有的放矢地进行说教，这样对方才容易被说服。

某企业因经营不善要倒闭，工人将面临失业，不但拿不到遣散费，连欠发的工资也兑现不了。

工人们聚集在领导办公室的门口抗议，要求领导拿出解决的办法来，情绪非常激动。

领导说："工厂就在你们眼前，你们都看到了。现在把工厂拍卖，也恐怕没有人买。就算能卖掉，也换不了几个钱，如果先还上银行贷款，大家还是分文拿不到。"

怎么办？把领导绑起来？把厂里的产品抢回家？把机器、厂房砸烂还是烧掉，让公安局抓去坐牢？还是冷静善后处理呢？

聪明的领导在一连串的问话后，接着说："工厂是大家的。人人都是老板。现在我们组成专案委员会，把工厂按比例分给大家，大家都是股东，都是老板。少拿点薪水，努力工作，撑几个月看看。赚了，是大家的。赔了，再关门也不迟。你们想想，现在把工厂砸了，什么也拿不到，不如自己当老板，继续做做看。"

领导在详细地分析了利害关系后，工人想了想，觉得厂长说得有道理，于是听从了领导的劝说，纷纷集资入股重新干了起来。大家都把工厂当作自己的事来做，特别卖力，经过一段时间的经营，工厂居然起死回生，扭亏为盈，不但还上了债务，工人还分到了红利。

用语言作假设，可达到将心比心的目的；也可用自己的行为，现身说法，让对方体验别人的心理，进而对他的言行作出调整，同样可达到将心比心的目的。

某商店有位营业员很会做生意，他的营业额比一般营业员都高，有人问他："是不是因为能说会道，所以生意兴隆？"他回答说："不是，我的秘密武器是当顾客是自己人。"

有一天，某位顾客站在柜台前东瞧瞧，西看看，还不时用手摸摸摆在柜台上的布料，却不肯买货。凭经验，营业员判断这位顾客是想买块面料，于是赶忙迎上前去说："您是想买这块料子吗？这块料子很不错，但是您要看仔细，这块布染色深浅不一，我要是您，就不买这一块，而买那一块。”

说着，营业员又从柜台里抽出一匹带隐条的布料，在灯光下展开接着说：“您像是机关里的干部，年龄和我差不多，穿这样料子的衣服会更好些，美观大方，要论价钱，这种料子比您刚才看到的那种每米多三元多钱，做一身衣裳才多七元多，您仔细看看，认真盘算盘算，哪个合算。”

顾客见这位营业员如此热情，居然帮自己选布料，挑毛病，于是不再犹豫，买下了营业员推荐的料子。

这位营业员之所以能成功地做成这笔生意，就是因为运用将心比心术。站在买者的立场上替顾客精打细算，现身说法，使对方戒备心理、防御心理大大降低，而且产生了一致的认同感，故而说服了对手，做成了生意。

将心比心术，是站在对方的角度谋划和考虑，了解他的心理，了解他的需求，了解他的困难，这种说服方法容易使对方接受，达成统一认识。

显然，为了说服别人，是需要一定技巧的。其中最重要的是依循一定的步骤。

说服他人应按照什么样的程序来进行呢？大致有以下四个步骤：

（1）吸引对方的注意力

为了让对方同意自己的观点，首先应吸引劝说对象将注意力集中到自己设定的话题上。利用“这样的事，你觉得怎样？”“这对你来说，是绝对有用的……”之类的话转移他的注意力，让他愿意并且有兴趣往下听。

（2）明确表达自己的思想

具体说明你所想表达的话题。比如“如此一来，不就大有改善了吗？”之类的话，更进一步深入话题，好让对方能够充分理解。

明白、清楚的表达能力是成功说服中不可缺少的要素。对方能否轻轻松松倾听你的想法与计划，取决于你如何巧妙运用你的语言技巧。

为了让你的描述更加生动，少不了要引用一些比喻、举例来加深听者的印象。适当、贴切地引用比喻和实例能使人产生具体的印象；能让抽象晦涩的道理变得简单易懂；甚至使你的主题变成更明确或为人熟知的事物。如此一来，就能够顺利地让对方在脑海里产生鲜明的印象。

说话速度的快慢、声音的大小、语调的高低、停顿的长短、口齿的清晰度等等，都不能忽视。除了语言外，你同时也必须以适当的表情、肢体语言来辅助。

（3）感情深处征服对方

通过你说服对方的内容，了解对方对此话题究竟是否喜好、是否满足，再顺势动之以情或诱之以利告诉他“倘若遵照我说的去做，绝对省时省钱，美观大方，又有销路……”不断刺激他的欲望，直到他跃跃欲试为止。

说服前必须能够准确地揣摩出对方的心理，才能够打动人心。如：他在想什么？他惯用的行为模式为何？现在他想要做什么等。一般而言，人的思维行动都是由意识控制，即使他人和外界如何的建议或强迫，也不见得能使其改变。

想要以口才服人的你，必须意识到说服的主角不是你而是对方。也就是说，说服的目的，是借对方之力为己服务，而非压倒对方。因此，一定要从感情深处征服对方。

（4）提示具体做法

在前面的准备工作做好之后，就可以告诉对方该如何付诸行动了。你必须让对方明了，他应该做什么、做到何种程度最好等。到了这一步，对方往往就会很痛快地按照你的指示去做。

4. 有时委婉比直接更有力

说服不是要告诉对方“你应该如何如何”这么简单，而是让对方信服的一个过程。如果说服如此简单，世界上也就不会存在这么多矛盾。

在劝说中，有时要有意避开对方的讳忌点，绕道而行，选择对方感兴趣的话题谈起，不要过早地暴露自己的意图，按照预定迂回路线，步步靠近。当对方跟着你走完一段路程的时候，对方已经不自觉地向你的观点投降了。这也就是曲言婉至的妙处。

伽利略青年时就立下雄心壮志，要在科学上有所成就，他希望得到父亲的支持和帮助。

一天，他对父亲说：“父亲，我想问你一件事，是什么促成了你同母亲的婚事？”

“我看上她了。”

伽利略又问：“那你有没有娶过别的女人？”

“没有，孩子，老天在上，家里的人要我娶一位富有的太太，可我只对阿玛纳蒂姑娘钟情，我追求她就像一个梦游者，要知道你母亲从前是一位姿艳动人的姑娘。”

伽利略说：“这倒确实，现在也还看得出来，你不曾娶过别的女人，因为你爱的是她。你知道，我现在也面临着同样的处境。除了科学以外，我不可能选择别的职业，因为我喜爱的正是科学。别的对我毫无用途！难道我要去追求财富、追求荣誉？科学是我唯一的需要，我对它的爱有如对一位美貌女子的倾慕。”

父亲说：“像倾慕女子那样，怎么能这样说呢？”

伽利略：“一点不错，亲爱的父亲，我已经18岁了。别的学生，哪怕是最穷的学生，都已想到自己的婚事，我可从没想到那上面去。我不曾与人相爱，我想今后也不会。别的人都想寻求一位标致的毕安卡，或是一位俊俏的卢斯娅，而我只愿与科学为伴。当人们提及婚姻方面的事情，我就感到羞臊。”

父亲没有说话，仔细听着。

伽利略继续说：“我亲爱的父亲，你有才干，但没有力量，而我却能兼而有之！为什么不能设法达到自己的愿望呢？我会成为一个杰出的学者，获得教授身份。我能够以此为生，而且比别人生活得更好。”

父亲说：“可我没有钱供你上学。”

“父亲，你听我说！很多穷学生都领取奖学金，这钱是公爵宫廷给的。我为什么不能去领一份奖学金呢？你在佛罗伦萨有那么多朋友，他们对你不错，会尽力帮助你的。也许你能到宫廷去把事办妥。他们只需要去问一问公爵的老师奥斯蒂罗·利希就行了，他了解我，知道我的能力。”

父亲被说动了："嗯，你说得有理，那是个好主意。"

伽利略抓住父亲的手，猛力摇动："我求求你，父亲，求你想方设法，尽力而为。我向你表示感激之情的唯一方式，就是……就是保证成为一个伟大的科学家。"

伽利略最终说动了父亲，他实现了自己的理想，成了一位闻名世界的科学家。

委婉法是办事说话时的一种缓冲方法。委婉语能使本来也许是困难的交往变得顺利起来，让听者在比较舒坦的氛围中接收信息。因此，有人称委婉是办事语言中的"软化"艺术。例如巧用语气助词，把"你这样做不好"改成"你这样做不好吧"。也可灵活使用否定词，把"我认为你不对！"改成"我不认为你是对的"。还可以用和缓的推托，把"我不同意"改成"目前，恐怕很难办到"。这些都能起到软化效果。

具体地说，委婉法有以下几种形式：

（1）讳饰式委婉法

讳饰式委婉法，是用委婉的词语表示不便直说，从而避免使人感到难堪的方法。

例如：有一位外籍旅游者在旅华期间自杀了，为了减少话语的刺激性，经再三推敲，有关部门最后在死亡报告书上回避了"自杀"两字，而用了"从高处自行坠落"这一委婉语。在中国北方，老人故世了，以"老了"讳饰，老干部故去了，以"见马克思去了"讳饰，类似的不下有几十个同义讳饰词语。再如，生活中对跛脚老人，改说"您老腿脚不利索"；对耳聋的人，改说"耳背"；对妇女怀孕说“有喜”。总之，在语言交流中讲究讳饰，也就是“矮子面前不说矮”，而不是“哪壶不开提哪壶”。

有时，即使动机好，如果语言不加讳饰，也容易招人反感。比如，售票员说：“请哪位同志给这位‘大肚皮’让个座位。”尽管有人让出了座位，但孕妇却没有坐，“大肚皮”这一称呼使她难堪。如果这句话换成：“为了祖国的下一代，请哪位热心人，给这位‘有喜’的妇女大姐让个座位。”当有人让出座位时，这位孕妇就会表示对售票员感谢，并愉快地坐下。

（2）借用式委婉法

借用式委婉法，是借用一事物或他事物的特征来代替对事物实质问题直接回答的方法。例如：

在纽约国际笔会第四十八届年会上，有人问中国代表陆文夫：“陆先生，您对性文学怎么看？”陆文夫说：“西方朋友接受一盒礼品时，往往当着别人的面就打开来看。而中国人恰恰相反，一般都要等客人离开以后才打开盒子。”

陆文夫用一个生动的借喻，对一个敏感棘手的难题，婉转地表明了自己的观点——中西不同的文化差异也体现在文学作品的民族性上。实际上都是对问者的一种委婉的拒绝，其效果是使问话者不至于尴尬难堪，使交往继续进行。

（3）曲语式委婉法

曲语式委婉法，是用曲折含蓄的语言和商洽的语气表达自己看法的方法。例如：

《人到中年》的作者谌容访美。在某大学作讲演时，有人问："听说您至今还不是中共党员，请问您对中国共产党的私人感情如何？"谌容说："你的情报很准确，我确实还不是中国共产党员。但是我的丈夫是个老共产党员，而我同他共同生活了几十年，尚无离婚的迹象，可见……"

谌容先不直言以告，而是以"能与老共产党员的丈夫和睦生活几十年"来间接表达自己与中国共产党的深厚感情。有时，曲语式委婉法比直接表达更有力，这种曲语式的委婉用语，真是利舌胜利剑。

5. 善意地让对方死心

说服他人，就必须在他人身上下功夫。这是说服的要害所在，切中了要害，说服一定会大功告成。

在说服过程中，善意地让对方死心，即指出按原来的想法行动会产生的恶劣后果，从而使其放弃或改变原来所持的观点。这种方法称为"绝望进攻术"。

姓李的青年很想开旧书店，而他的好友很难说服他，于是搬来了他的师傅。

这位老师傅先向小李自称，自己已到过一家最大的旧书店做过调查，书店老板作为内行人谈了许多经营之难：

“外行人要搞这种生意非常之难，至少要有30年的经验。因为外行人多半把自己感兴趣的书籍上架，失去了一大批顾客。此外，如买进难得的书，由于新手不懂得定价，一些卖旧书的同行就会来全数购去。当你认为畅销而暗自欣喜时，书架渐渐空了，而同行则在转手中卖出高价。特别是全集书，至少要有10年，才能用适当价钱购进。如二次世界大战以前的书籍，附有了定价。而今如何分辨这些定价呢？什么书是现在所需要的，什么书现已重版，这些行情，也要具备。还有一点就是丢书，特别是辞典一类的工具书，一被偷就是一笔钱……这些不过是打听回来的。当然你不一定会遇到，你也不必担忧。但你既然要做这行生意，不妨考虑一下。”

小李听了老师的一番话，脸色变青了，闭着眼睛，感到了绝望，终于放弃了自己的想法。

说服中的绝望进攻术可采取“虚”和“实”两种形式。所谓“虚”的，指长远才产生的恶劣情况。所谓“实”的指眼前就可能产生的恶劣情况。对一些还不善理性思考的人来说，用“实”的形式比较有效。

爸爸：“你妈妈说今天不回来，要我们自己做饭。我看，干脆晚饭不吃了吧，煮饭麻烦，法律也没有规定一天吃三顿呀！”

孩子：“爸爸，这可不能开玩笑，我肚子饿得不成了呀！”

爸爸：“要吃也可以，不过菜橱里只剩下些咸萝卜，将就点，就吃咸萝卜吧！”

孩子：“啊呀，妈妈不在，你至少也给补点营养呀！”

爸爸：“你想吃什么？”

孩子：“吃肉，我最喜欢吃红烧肉。”

爸爸：“那你买去吧！”

孩子：“拿钱来。”

爸爸给孩子以“绝望感”，解决了谁去买肉的问题，避免了无休止的扯皮、纠缠。

说服中使用绝望进攻术，要注意对问题做具体分析，不能一开始就笼统地、概括地作出结论。

汽车推销员如果在推销节油汽车时，一见顾客就开门见山地说明这种汽车可为顾客省很多汽油等，肯定往往会吃闭门羹。

聪明的推销员却可以这样开头：“先生，请教一个你所熟悉的问题，也就是增加贵店利润的三大原则是什么？”

老板对这种话题肯定十分乐意回答。他会说：“第一，降低进价；第二，提高售价；第三，减少开销。”

销售员立即抓住第三条接下去说：“你说的句句真言。特别是开销，那是无形中的损失。比如汽油费，一天节约20元，你想过有多少吗？如果贵店有3辆车，一天节省60元，一个月就有1800元。发展下去，10年可省21万元。如果能够节约而不节约，岂不像把百元钞票一张张撕掉，一共撕掉2100张。换句话说，这么大的开支无形中从你的金库中被提出来，更何况这21万元不是从营业额，而是从盈余额中开支。如放在银行，以5分利计算，那等于240万元本金存一年的利息，不知老板高见如何，有没有节油的必要呢？你可以精细地计算一下，怎么样？”

这样，对方就会自觉地想到不能维持现状，而要设法用节油车以解除这种恶劣情况。这时，推销员就可乘机推销自己的节油汽车。这种绝望进攻术常令对方感到情况严重，产生绝望感，而乐于接受辩者的观点，有很好的说服作用。

绝望进攻术是一种破釜沉舟、班师在后的技巧，具有较好的说服和辩论效果。

6. 有效的说服——让人口服心也服

真正有效的说服不在于你认为自己是如何的正确，而在于对方是否明白、是否关心你所说的话。作为一个好的说服者，要想说服人就必须更多注意这一点，要使他们心服，而不是口头上的服从。

你常和与你意见相反的人谈话吗？在家中，或是办公室，或是市场上，总是设法使人赞同你的意见吗？你的方法要不要改善改善？一个辩论家，如果和听众争辩起来，不仅不会改变听众的心情，反而会使他们更加倔强起来。这是显而易见的事！无论双方的意见发生怎样严重的冲突，说话的人多少都可以找出一些相同点来互相讨论。

任何人都喜欢坚持相信自己已经相信的事物，而不希望别人来加以反对。凡是有人对我们表示反对的时候，我们一定要找寻许多的方法、许多的理由来辩证保护。所以，你在说话的时候，如果一开始就说："我要证明这个""我要证明那个"，绝非是聪明的办法。因为你的听众，一定认为你好像在对他们作近于挑战的训话了。他们将自信地说："我们瞧你的！"这显然就和你站在敌对的立场了。假使你一开始就着重讲些和你的听众意见相同的事情，然后再提出听众所乐于解答的问题，那就便利多了。你可以做得好像在和听众共同探讨问题的答案，然后再把你观察得十分透彻的事实提出来，使听众在不知不觉中接受你的结论，并相信你所说的话。

美国的铁路专家曹顿到英国去做大东铁路的总经理，在到任的时候，人家对于他的敌意，有如春季的寒霜。原来铁路局里的职员有一个传统思想：没有一个美国人有担任总经理职务的资格。曹顿是美国人，竟担任了总经理，便动了公愤。但是曹顿并不着急，而就任了数千万人的领袖，他运用了一些策略，就平复了那些群众的敌意。运用什么策略去消释那些铁路职员在传统思想的影响下所产生的敌意呢？便是根据他们产生敌意的经验，来迎合他们的意志。

他做公开的演说："我到英国来担任这个职务，并不是为了什么荣誉，也没有什么希望，所需要者，只是想有一个户外竞技罢了……"一场演说之下，竟说服了千万铁路里的职员。

电话机的发明人贝尔，有一次出门去筹款，他到一个大资本家许拜特先生的家里，希望他能够对于他正在进行的新发明事业投一点资。但他知道许拜特是一个脾气古怪的人，向来对于电气事业不感兴趣。他开头时并不对他说明预算能获得多少利益，也不对他解释科学理论，据贝尔传记上的记载：他弹着钢琴，忽然停止了，向许拜特说："你可知道，如果我把这脚板踏下去，对着钢琴唱出一个声音，这钢琴便也会复唱出这声音来。譬如我唱一个do！这钢琴也会应一声do！这事你看有趣吗？"许拜特当然不懂其中道理，他于是静悄悄地放下他手中的书本，好奇地发问贝尔，于是贝尔详详细细对他解释了和音或复音电信机的原理。这场谈话的结果，许拜特很情愿负担一部分贝尔的实验经费。

贝尔的方法，其实是非常简单的，在讲他那件事之前，他先设法引起对方的好奇心。吸引了许拜特对于他及他的理想的注意，这是一种很有力量的策略。然而，我们大概都常常看见有许多奇妙的技艺终归于失败，其所得者不过是看客们耸一耸肩膀或扬一扬眉毛而已，这是没有能够真正运用这个秘诀的缘故，而贝尔却很自然地运用了这个策略。许拜特的钢琴，就是帮助他完成妙计的唯一功臣：消除了他们不同的意见，使他们密切合作起来。

新颖的东西，必须要与我们的经验接近，才能够引起我们强烈的注意，才能够引起我们的好奇心。因此，有才干的店员、报纸的编辑、成功的演说家，都是运用秘诀，以达到他们的目的。

7. 说服也需要知己知彼

“知己知彼、百战百胜”这句老话，是很有道理的。战争如此，说服人也必须如此。

在说服中，如果只知道了对方的观点和态度，而对对方为什么会有这样的观点和态度弄不清、拿不准，这就谈不上对症下药了。说服对方，就要知道对方的“心结”所在，“好钢用在刀刃上”才会产生更大的作用和效果。

有这样一个笑话：某青年见同伴唉声叹气，说生活太空虚，活着没劲。他问：“你这是怎么了？为什么事情烦恼？”

“唉，你知道，我特别爱那个姑娘。我把自己的一颗心掏出来给她，可她居然拒绝了我的求爱。”

“拒绝了？咳！你别当真！更用不着为这个灰心丧气。有志者事竟成，你要坚持不懈地追求嘛！要知道，女人对男人的求爱说‘不’，常常意味着‘是’。她不一定是真心拒绝你，你又何必当真？”

“可她并没有对我说‘不’呀，而是轻蔑地对我说‘呸！’”

“啊？！”这下子，这位说理者傻眼了。他对对方失恋的原因没搞清楚，怎么可能说服对方呢？

口才需要敏锐的反馈意识，不仅要获得对方的反馈信息，而且要对对方做出某种反应的原因、含义有准确无误的判断。否则，双方就无法进行有效的交流。有的放矢地说话，这一点在说理中尤其重要。

关于对症下药，一名工厂的劳资干部深有体会。她介绍自己的亲身体会说：

有一次，一位由传达室被精简下车间的女职工闹情绪，说厂长有意整人，还要求厂长立即给她办病休手续，要吃劳保。厂长给她讲道理，她一句也听不进去。这天，她又来找厂长闹，我叫住了他："大姐，咱姐妹不错，来，到我这儿坐坐，有几句贴心话我想和你唠唠。"这位女士一落座就如数家珍一般将她的"理"抖落一遍。反正一个意思，叫她下车间是厂长有意整她。等她说完了，我说："大姐啊，你说厂长整你，我看可能是你多心了。厂长新来乍到，和咱无冤无仇，咋会整你呢？这次精简机关下去20多人，你们传达室也下去了3个人，不只你一个。我看厂长绝不是和哪一个人过不去。要说呢，这些年你在传达室工作轻车熟路，乍一下车间劳动肯定比在传达室要累。可话说回来，累也不是光咱一个。就说新厂长吧，50多岁了，比你还大几岁，不也照样下车间去干活？他图的啥？再说，精简后，传达室过去5个人现在剩下两个人了，两个人干5个人的活儿，肯定也不像以前那么轻松了。你说是不？咱下到车间后，干活虽然累点，可是多干多得，这不比在传达室里拿那几个死钱强吗？"

我边说边观察她的变化，看到她的脸色不那么阴沉了，犯了思忖，我又继续说道："大姐啊，你一时生气，要吃劳保可是太不合算呀！你今年48岁，差两岁就该退休了。如果你现在吃劳保，那退休后的工资只能拿70%，你不就吃大亏了？你想想，咱辛辛苦苦干了一辈子，就差这么几天就熬不下来了？常言道，编筐编篓重在收口。我看你不如把这个尾巴续好，给大家留个好念性儿，自己也不吃亏！大姐，你思谋思谋，我说得对不？”

没想到这话还真管事儿，当下她脸上露出了笑模样。她拉住我激动地说：“你算把你傻大姐给说醒了！人在事中迷，就怕没人提。我这最后一步差点迈砸了！我听你的，明天就下车间！”第二天，她当真穿上工作服下了车间。

人在事中迷，就需要有人提，但说理的人一定要弄清对方在事中迷的原因，针对其症结所在，申明利害，以理攻心。这样就能做到一番话说笑了“苦恼人”，甚至在重大的问题上使说理具有一语值千金的价值。

在说服对方之前，必须透彻地了解被说服对象的有关情况，以便有针对性地进行工作。了解的内容主要有：

（1）了解对方性格

不同性格的人，对接受他人意见的方式和敏感程度是不一样的。如：是性格急躁的人，还是性格稳重的人；是自负又胸无点墨的人，还是有真才实学又很谦虚的人。掌握了对方的性格，就可以按照他的性格特征，有针对性地工作。

（2）了解对方的长处

一个人的长处就是他最熟悉、最了解、最易理解的领域。如有人对部队生活熟悉，有人对农村生活比较熟悉，有人擅长文艺，有人擅长语言，有人擅长交际，有人擅长计算等。在说服人的时候，要从对方的长处入手。第一，能和他谈到一起去；第二，在他所擅长的领域里，谈论起来他容易理解，便容易说服他；第三，能将他的长处作为说服他的一个有利条件，如一个伶牙俐齿、善于交际的人，在分配他作供销工作时可以说："你在这方面比别人具有难得的才能，这是发挥你潜在能力的一个最好机会。"这样谈既有理有据，又能表明领导者对他的信任，还能引起他对新工作的兴趣。

（3）了解对方的兴趣

有人喜欢绘画，有人喜欢音乐，还有人喜欢下棋、养鸟、集邮、书法、写作等，人人都喜欢从事和谈论其最感兴趣的事物。从这里入手，打开他的"话匣子"，再对他进行说服，便较容易达到说服的目的。

（4）了解对方当时的情绪

一般说，影响对方情绪的因素有：一是谈话前对方因其他事所造成的心绪仍在起作用；二是谈话当时对方的注意力正集中在哪里；三是对说服者的看法和态度。所以，说服者在开始说服之前，要设法了解他当时的思想动态和情绪，这对说服的成败，是一个重要的环节。

（5）了解对方的其他想法

一个人坚持一种想法，绝不是偶然的，他必定有自己的理由，而且他讲的道理一般都符合国家政策、集体的利益或人之常情。但这常常不是他的真实想法，他的真实想法怕拿出来被人瞧不起，难于启齿。如果领导者能真正了解他的苦衷，就能有针对性地加以解决。

凡此种种，你都要悉心研究，才能够有针对性地采取说服的方式。

了解对方是有许多学问的。许多人不能说服别人，是因为他不仔细研究对方，不研究用适当的表达方式，就急忙下结论，还以为“一眼看穿了别人”。这就像那些粗心的医生，对病人病情不了解就开了药方，当然没有不碰钉子的。

总之，说服教育只能在自觉自愿的基础上进行。而心理相容、对症下药的过程，恰恰是启迪和实现这种自觉自愿的过程。我们不论说什么理，说服什么人，都要依循对方的心理轨迹步步深入，将自己的观点和意图逐渐熔铸在对方的心里。这样，说理才有力量，才能达到目的。